놀라운 학습도구어

다산스쿨 교육연구소 지음

1

다산
스쿨

교과서를 읽지 못하는 아이들

　요즘 아이들은 글을 읽지 못해서 시험 문제를 풀지 못한다고 합니다. 우리 아이는 한글을 잘 읽는데, 이게 무슨 말일까요?

　아이가 만나는 모든 교과서와 시험 문제는 수많은 어휘로 이루어져 있습니다. 따라서 어휘의 뜻을 제대로 해석하지 못한다면 글을 읽는다고 할 수 없지요. 글을 읽지 못하면 모든 과목에서 지식을 습득하기 어렵고, 이는 문제를 푸는 능력에도 영향을 미칩니다. 왜 이런 일이 일어날까요?

　답은 현저히 낮은 아이들의 문해력에서 찾을 수 있습니다. '문해력'이란 글을 읽고 쓸 수 있는 능력을 말합니다. 단순히 글자를 읽는 것이 아니라, 사고 과정을 통해서 글의 맥락을 파악하고 표현할 수 있는 능력이지요. 교과목이 늘어나고 본격적인 학습이 등장하는 초등 3학년 시기가 되면, 문해력이 부족한 아이는 고급 어휘들을 이해하지 못하면서 학습 격차가 발생하기 시작합니다. 그래서 초등 저학년 시기에 문해력의 기초를 탄탄하게 다져 놓아야 합니다.

교과 학습의 키, 학습도구어!

　문해력은 어떻게 향상시킬 수 있을까요? 많은 전문가가 문해력의 가장 기본 요소로 어휘를 제시하고 있습니다. 소릿값이 합쳐져 이루어진 단어를 읽고 그 의미를 바로 파악하는 어휘력이 문해력의 시작입니다.

　일상에서 자유롭게 대화를 하던 아이들이 갑자기 머리를 쥐어짜게 만드는 어휘가 있는데, 이것이 바로 '학습도구어'입니다. 학습도구어는 교과서와 같은 학술 텍스트에서 자주 사용되는 어휘로, 교과서를 읽고 사고를 정교화하기 위해 필수적으로 알아야 하는 단어입니다. 학습도구어를 아는 것은 교과 이해도를 높이는 데 필수적이고, 이는 결국 학습 실력의 차이로 이어집니다.

> ・다음 장면과 관련이 없는 것을 골라 보세요.
> ・지도는 사용 목적에 따라 구분할 수 있다.
> ・일정한 규칙으로 나열된 숫자를 보고, 아래 문제를 풀어 보세요.

　우리 아이는 교과서, 수행 평가, 시험 문제 등에서 이런 문장을 접하게 됩니다. '장면, 관련, 목적, 구분, 일정, 규칙'은 해당 과목의 지식 내용은 아니지만, 모르면 문장을 이해할 수 없는 중요한 어휘, 학습도구어입니다. 이를 모르는 아이는 결국 사회 교과서에서 설명하는 지도의 내용을 이해하기 어렵고, 덧셈과 뺄셈을 할 수 있어도 수학 문제를 풀지 못합니다. 문장 속 교과 지식이 아니라 문장을 이루는 학습도구어를 어려워하는 것이지요. 게다가 고학년으로 올라갈수록 교과서에 등장하는 학습도구어는 더욱 어려워집니다. 따라서 교과 지식을 받아들이고 인출하기 위해서는 학습도구어를 정확하게 학습하고 활용할 수 있어야 합니다.

●핵심 학습도구어와 수백 개의 확장 어휘를 한눈에 익히는 책

학습도구어의 중요성을 알아도 아이의 학년에 맞는 어휘를 하나하나 찾아서 가르치기란 쉽지 않습니다. 그래서 본 책에서는 초등 저학년에 꼭 필요한 100개의 학습도구어를 선정하고 이로부터 600여 개의 어휘를 확장해서 학습하도록 구성했습니다.

핵심 어휘는 초등 1~3학년 교과서를 기반으로 주요 학습도구어를 추출한 뒤, 국립국어원『현대 국어 사용 빈도 조사』보고서의 빈도 순위를 반영하여 선정했습니다. 아이들은 다섯 권의 책을 통해 1일 1학습도구어를 익히며 쉽고 재미있게 어휘력을 키우고, 핵심 어휘와 관련된 단어들을 연결하며 점진적으로 어휘를 확장해 갈 수 있습니다. 또한 핵심 학습도구어가 나오는 생활 만화를 통해 단어가 쓰이는 맥락과 상황을 익숙하게 받아들이게 됩니다. 뿐만 아니라 속담과 사자성어, 관용어 등을 학습하면서 단어에서 문장으로 사고를 확장하고, 이를 바탕으로 해당 단어를 문장과 문단 속에 적용하는 활동을 하면서 언어 능력을 향상시킬 수 있습니다.

●초등 학습의 시작, 학습도구어!

우리 아이가 학교 수업을 잘 이해하고 표현했으면 하는 마음은 모두 같습니다. 본격적인 읽기가 시작되는 문해력 입문기의 아이에게 학습도구어는 그 길을 열어 주는 도구가 될 것입니다.

다산스쿨 교육연구소

이 책의 구성

1일 1어휘 학습하기

우리 아이에게 꼭 필요한 학습도구어를 하루에 하나씩 아이들의 눈높이에 맞춰 익힐 수 있습니다.

공부한 날짜를 쓰고 오늘의 어휘를 학습합니다.

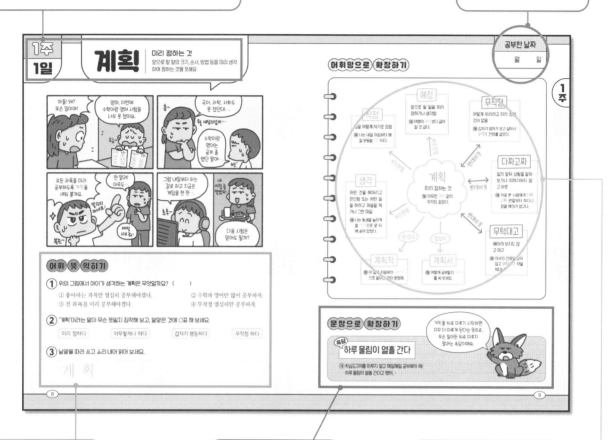

어휘 뜻 익히기

생활 만화를 통해 어휘의 쓰임을 알고, 문제를 풀며 어휘를 확인합니다.

문장으로 확장하기

속담, 사자성어, 관용어 등을 알아보며 어휘의 쓰임을 이해합니다.

어휘망으로 확장하기

어휘망으로 오늘의 핵심 어휘와 관련된 주변 어휘까지 한눈에 학습할 수 있습니다.

확장 어휘

비슷한말: 핵심 단어와 같은 맥락에서 쓸 수 있는 유사한 뜻의 단어
반대의 뜻: 핵심 단어와 반대의 상황에서 쓸 수 있는 서로 다른 단어
파생어: 핵심 단어에 '-력, -화'와 같은 접사를 붙여 새로운 뜻을 표현하는 단어
합성어: 핵심 단어에 또 다른 단어가 결합해 생성된 단어
활용: 핵심 단어를 일상에서 자유롭게 확장하여 쓰는 말
헷갈리기 쉬운 말: 핵심 단어와 발음이 같거나 유사하지만 다른 뜻을 가진 단어
속담: 예로부터 전해 내려오는 삶에 대한 교훈이나 주의를 표현한 짧은 글 또는 가르침을 주는 말
사자성어: 한자 네 자로 이루어진 옛말로, 교훈이나 유래를 담고 있음.
관용어: 두 개 이상의 단어로 이루어져서 특수한 의미를 나타내는 어구

─── (실선): 핵심 단어와 관련성이 강함.
- - - (점선): 핵심 단어와 관련성이 약함.

어휘 뜻 확인하기

문장 속에 들어갈 어휘를 찾는 문제를 통해 단어가
쓰이는 상황적 맥락을 이해할 수 있습니다.

실전 문제 풀이

핵심 단어가 쓰이는 속담과 상황 문제를 풀면서
단어의 실제 쓰임을 생각해 볼 수 있습니다.

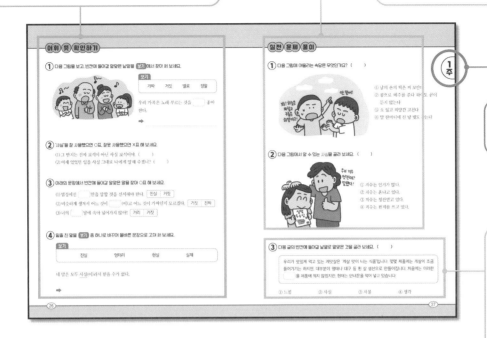

학습하는 주를 한눈에
알 수 있습니다.

한 편의 글 속에 들어
갈 단어를 찾으면서
어휘에 대한 이해도
를 한 단계 높이고 독
해력과 사고력을 키웁
니다.

확인 학습

한 주 동안 배운 핵심 어휘와 주변의 확장 단어를 포괄적으로 확인할 수
있습니다. 한 주간 학습한 단어를 잘 기억하고 있는지 점검해 봅니다.

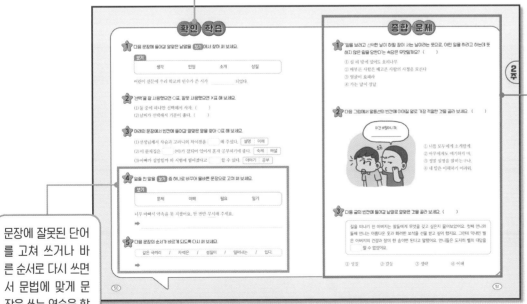

종합 문제

한 주를 완성하는 실
전 문제를 통해, 각 주
의 단어를 활용하면
서 마무리할 수 있습
니다.

문장에 잘못된 단어
를 고쳐 쓰거나 바
른 순서로 다시 쓰면
서 문법에 맞게 문
장을 쓰는 연습을 합
니다.

차 례

우리 아이 학습을 끌어 주는 열쇠! 학습도구어

③
갈등
강조
공통
단순
대신

변화
생산
성격
소비
수단

시기
요구
일정
주의
주장

판단
평가
평균
해결
확실하다

④
결정
관련
근거
다양
대책

부정
비교
생략
실제
요약

원칙
유지
의도
이성
조사

지시
참고
취급
한계
현실

⑤
개발
객관
결론
고려
독특

명백하다
무시
반복
상징
예외

우선
의식하다
제공
제한
증가

추리
탐구
표시
핵심
형식

초등 학습에 꼭 필요한 100개의 학습도구어와 600여 개의 확장 어휘를 학습해 보세요!

★ 정답은 96쪽에서 확인할 수 있습니다.

계획

미리 정하는 것

앞으로 할 일의 크기, 순서, 방법 등을 미리 생각하여 정하는 것을 뜻해요.

어휘 뜻 익히기

① 위의 그림에서 아이가 생각하는 계획은 무엇일까요? (   )

① 좋아하는 과목만 열심히 공부해야겠다.

② 수학과 영어만 많이 공부하자.

③ 전 과목을 미리 공부해야겠다.

④ 무작정 열심히만 공부하자.

② '계획'이라는 말이 무슨 뜻일지 짐작해 보고, 알맞은 것에 ○표 해 보세요.

| 미리 정하다 | 아무렇게나 하다 | 갑자기 행동하다 | 무작정하다 |

③ 낱말을 따라 쓰고 소리 내어 읽어 보세요.

계	획		계	획			

어휘망으로 확장하기

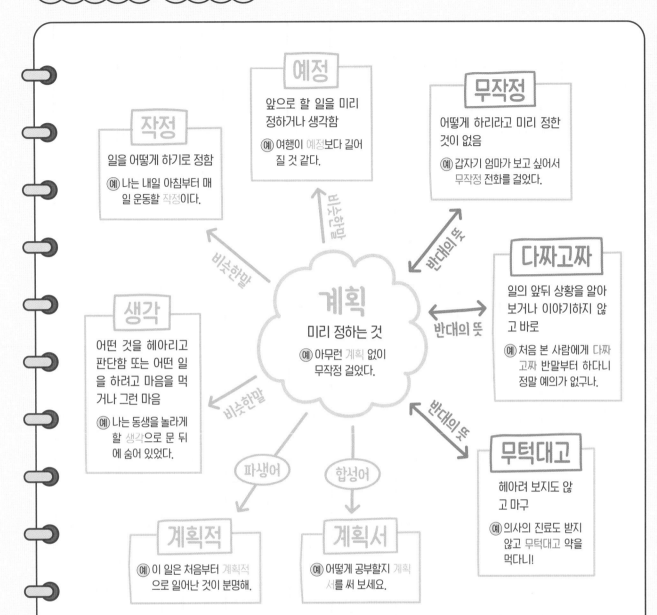

예정

앞으로 할 일을 미리 정하거나 생각함

예 여행이 예정보다 길어 질 것 같다.

작정

일을 어떻게 하기로 정함

예 나는 내일 아침부터 매일 운동할 작정이다.

무작정

어떻게 하리고 미리 정한 것이 없음

예 갑자기 엄마가 보고 싶어서 무작정 전화를 걸었다.

비슷한말

비슷한말

반대의 뜻

다짜고짜

일의 앞뒤 상황을 알아 보거나 이야기하지 않고 바로

예 처음 본 사람에게 다짜고짜 반말부터 하다니 정말 예의가 없구나.

반대의 뜻

생각

어떤 것을 헤아리고 판단함 또는 어떤 일을 하려고 마음을 먹거나 그런 마음

예 나는 동생을 놀라게 할 생각으로 문 뒤에 숨어 있었다.

계획

미리 정하는 것

예 아무런 계획 없이 무작정 걸었다.

무턱대고

헤아려 보지도 않고 마구

예 의사의 진료도 받지 않고 무턱대고 약을 먹다니!

비슷한말

파생어

합성어

계획적

예 이 일은 처음부터 계획적 으로 일어난 것이 분명해.

계획서

예 어떻게 공부할지 계획 서를 써 보세요.

문장으로 확장하기

계획을 뒤로 미루기 시작하면 자꾸 더 미루게 된다는 뜻으로, 무슨 일이든 뒤로 미루지 말라는 속담이에요.

속담 **하루 물림이 열흘 간다**

예 학습도구어를 미루지 말고 매일매일 공부해야 해! 하루 물림이 열흘 간다고 했어.

어휘 뜻 확인하기

1 다음 그림을 보고, 빈칸에 들어갈 알맞은 낱말을 보기 에서 찾아 써 보세요.

보기

| 용기 | 생각 | 결과 | 행동 |

나는 매일 아침마다 운동할 [   ](이)다.

➡ _____

2 '계획'을 잘 사용했으면 ○표, 잘못 사용했으면 X표 해 보세요.

(1) 이번 학기부터 10분 일찍 등교할 계획을 세웠다. (   )
(2) 너무 배가 고파서 아무 음식점이나 계획해서 들어갔다. (   )

3 아래의 문장에서 빈칸에 들어갈 알맞은 말을 찾아 ○표 해 보세요.

(1) 여행이 [   ] 보다 길어질 것 같아요. [중요 | 예정]
(2) 나는 아무런 [   ] 없이 무작정 걸었다. [계획 | 모양]
(3) 혜수가 거짓말까지 하면서 나를 속일 [   ] 이었나 보다. [작정 | 작동]

4 밑줄 친 말을 보기 중 하나로 바꾸어 올바른 문장으로 고쳐 써 보세요.

보기

| 무수히 | 무진장 | 무턱대고 | 계획적으로 |

<u>예상대로</u> 들어간 식당이 뜻밖의 맛집이었다.

➡ _____
_____

① '계획을 뒤로 미루기 시작하면 자꾸 더 미루게 된다'는 뜻으로, 무슨 일이든 뒤로 미루지 말라는 속담은 무엇일까요? (   )

① 도토리 키 재기

② 바늘 가는 데 실 간다

③ 하루 물림이 열흘 간다

④ 소 잃고 외양간 고친다

② 다음 그림의 가족은 무엇에 관한 계획을 세우고 있는지 골라 보세요. (   )

① 봉사 활동

② 합창 대회

③ 여행

④ 제사

③ 다음 글의 빈칸에 들어갈 낱말로 알맞은 것을 골라 보세요. (   )

목마른 까마귀는 병 속에 담긴 물을 발견했습니다. 하지만 물이 너무 적어, 부리가 물까지 닿지 않았어요. 지혜로운 까마귀는 작은 돌을 하나씩 병 속에 넣기 시작했어요. 돌이 채워지면 물의 높이가 올라올 테니 그때 물을 마시면 된다고 [   ]했지요.

① 포기   ② 장난   ③ 실망   ④ 생각

규칙

지키기로 정한 것

여러 사람이 다 같이 지키기로 정한 것을 나타내는 말이에요.

어휘 뜻 익히기

1 위의 그림의 선생님께서 정하려는 규칙은 무엇인가요? (   )

① 민수만 아침에 일찍 일어나자.　　　　② 지각하는 습관을 모두 갖자.

③ 지각하는 사람은 상을 주자.　　　　　④ 지각하는 사람은 벌금을 내도록 하자.

2 '규칙'이라는 말이 무슨 뜻일지 짐작해 보고 알맞은 것에 ○표 해 보세요.

마음대로 하는 것　　자유롭게 하는 것　　지키기로 정한 것　　하지 않아도 되는 것

3 낱말을 따라 쓰고 소리 내어 읽어 보세요.

규	칙	규	칙		

어휘망으로 확장하기

1주

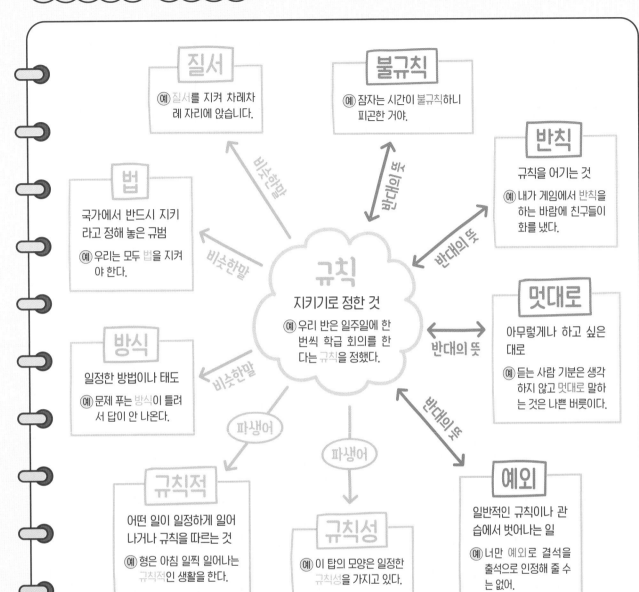

질서
(예) 질서를 지켜 차례차례 자리에 앉습니다.

불규칙
(예) 잠자는 시간이 불규칙하니 피곤한 거야.

반칙
규칙을 어기는 것
(예) 내가 게임에서 반칙을 하는 바람에 친구들이 화를 냈다.

법
국가에서 반드시 지키라고 정해 놓은 규범
(예) 우리는 모두 법을 지켜야 한다.

규칙
지키기로 정한 것
(예) 우리 반은 일주일에 한 번씩 학급 회의를 한다는 규칙을 정했다.

멋대로
아무렇게나 하고 싶은 대로
(예) 듣는 사람 기분은 생각하지 않고 멋대로 말하는 것은 나쁜 버릇이다.

방식
일정한 방법이나 태도
(예) 문제 푸는 방식이 틀려서 답이 안 나온다.

규칙적
어떤 일이 일정하게 일어나거나 규칙을 따르는 것
(예) 형은 아침 일찍 일어나는 규칙적인 생활을 한다.

규칙성
(예) 이 탑의 모양은 일정한 규칙성을 가지고 있다.

예외
일반적인 규칙이나 관습에서 벗어나는 일
(예) 너만 예외로 결석을 출석으로 인정해 줄 수는 없어.

비슷한말
반대의 뜻
반대의 뜻
비슷한말
비슷한말
반대의 뜻
파생어
파생어
반대의 뜻

문장으로 확장하기

모든 일에는 질서와 규칙이 있는 법인데 일의 순서도 모르고 성급하게 덤빈다는 속담이에요.

속담
우물에 가 숭늉 찾는다

(예) 밥을 빨리 먹겠다고 1등으로 뛰어가도 밥이 준비되지 않았으면 소용없어. 우물에 가서 숭늉 찾는 거야.

어휘 뜻 확인하기

1 다음 그림을 보고, 빈칸에 들어갈 알맞은 낱말을 보기 에서 찾아 써 보세요.

보기

| 반칙적 | 예외적 | 법적 | 규칙적 |

[   ] 으로 운동을 하면 건강해진다.

➡ _____

2 '규칙'을 잘 사용했으면 ○표, 잘못 사용했으면 ✕표 해 보세요.

(1) 잠자는 시간이 규칙적이니 피곤한 거야. (   )

(2) 우리 반은 친구와 싸우면, 싸운 친구에게 편지를 쓰는 규칙이 있다. (   )

3 아래의 문장에서 빈칸에 들어갈 알맞은 말을 찾아 ○표 해 보세요.

(1) 문제 푸는 [   ] 이 잘못되면 답이 안 나온다. | 방식 | 구분 |

(2) [   ] 를 지켜 차례차례 자리에 앉습니다. | 예외 | 질서 |

(3) 게임할 때는 [   ] 을 잘 지켜야 재미있다. | 규칙 | 반칙 |

4 밑줄 친 말을 보기 중 하나로 바꾸어 올바른 문장으로 고쳐 써 보세요.

보기

| 얌전하게 | 멋대로 | 법칙으로 | 질서 있게 |

듣는 사람 기분은 생각하지 않고 <u>예의 바르게</u> 말하는 것은 나쁜 버릇이다.

➡ _____

_____

① '모든 일에는 질서와 규칙이 있는 법인데, 일의 순서도 모르고 성급하게 덤빈다'는 뜻의 속담은 무엇일까요? (   )

① 우물에 가 숭늉 찾는다

② 가는 날이 장날

③ 콩 심은 데 콩 나고, 팥 심은 데 팥 난다

④ 하나만 알고 둘은 모른다

② 다음 그림에서 동생이 누나를 보고 생각했을 말을 골라 보세요. (   )

① 누나는 인사를 했다가 안 했다가 한다.

② 누나가 인사하는 것은 반칙이다.

③ 누나는 누구에게나 예외 없이 인사한다.

④ 누나는 먼저 인사를 하는 법이 없다.

③ 다음 글의 빈칸에 들어갈 낱말로 알맞은 것을 골라 보세요. (   )

> 동시에는 같은 글자, 같은 소리가 반복되며 만들어지는 운율이 많이 사용됩니다. 운율은 '송알송알, 바스락바스락, 데굴데굴, 똑똑' 등 어떤 소리나 글자 수가 [   ] 반복되면서, 시를 노래처럼 느끼게 해 줍니다.

① 이미   ② 무조건   ③ 규칙적으로   ④ 벌써

문제점

해결해야 하는 일
어떤 일이나 물건에서 해결해야 하는 문제를 나타내는 말이에요.

어휘 뜻 익히기

1 위의 그림에서 아이가 말한 문제점은 무엇인가요? (　　　)

① 아빠의 요리를 먹고 싶지 않다.　　② 아빠는 음식 맛을 모르고 계신다.
③ 아빠의 요리는 맛이 없다.　　④ 아빠의 요리 솜씨가 좋아서 자꾸 먹게 된다.

2 '문제점'이라는 말이 무슨 뜻일지 짐작해 보고, 알맞지 <u>않은</u> 것에 ○표 해 보세요.

말썽거리　　문제　　골칫거리　　잘하는 것　　어려운 일

3 낱말을 따라 쓰고 소리 내어 읽어 보세요.

문 제 점

어휘망으로 확장하기

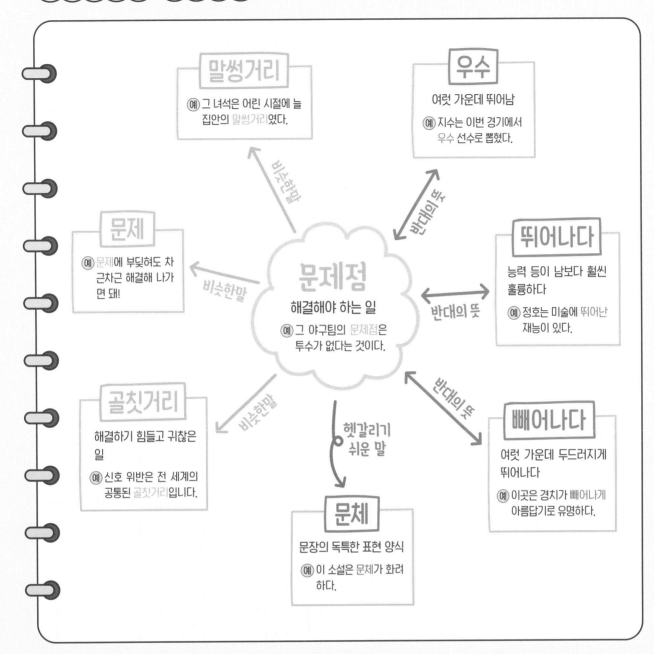

말썽거리

(예) 그 녀석은 어린 시절에 늘 집안의 말썽거리였다.

비슷한말

우수

여럿 가운데 뛰어남

(예) 지수는 이번 경기에서 우수 선수로 뽑혔다.

반대의 뜻

문제

(예) 문제에 부딪혀도 차근차근 해결해 나가면 돼!

비슷한말

문제점

해결해야 하는 일

(예) 그 야구팀의 문제점은 투수가 없다는 것이다.

반대의 뜻

뛰어나다

능력 등이 남보다 훨씬 훌륭하다

(예) 정호는 미술에 뛰어난 재능이 있다.

골칫거리

해결하기 힘들고 귀찮은 일

(예) 신호 위반은 전 세계의 공통된 골칫거리입니다.

비슷한말

헷갈리기 쉬운 말

문체

문장의 독특한 표현 양식

(예) 이 소설은 문체가 화려하다.

반대의 뜻

빼어나다

여럿 가운데 두드러지게 뛰어나다

(예) 이곳은 경치가 빼어나게 아름답기로 유명하다.

문장으로 확장하기

그대로 두면 아무 탈이 없을 것을 괜히 건드려 문제를 만든다는 속담이에요.

속담 자는 호랑이 코 찌르기

(예) 자는 호랑이 코 찌르는 것도 아니고, 괜히 아빠한테 말해서 혼나게 생겼잖아.

어휘 뜻 확인하기

① 다음 그림을 보고, 빈칸에 들어갈 알맞은 낱말을 〔보기〕에서 찾아 써 보세요.

〔보기〕

| 문체 | 문제 | 실제 | 우수 |

에디슨처럼 〔　　〕를 풀어 보려고 직접 달걀을 품었다.

➡ _____

② '문제점'을 잘 사용했으면 ○표, 잘못 사용했으면 ✕표 해 보세요.

(1) 지수는 경기에서 뛰어난 활약을 하여 팀의 문제점으로 뽑혔다. (　　)
(2) 영양이 불균형한 문제점을 해결하려면 골고루 먹어야 한다. (　　)

③ 아래의 문장에서 빈칸에 들어갈 알맞은 말을 찾아 ○표 해 보세요.

(1) 그 〔　　〕(은)는 풀기 어려웠다. 　〔 문제 │ 해결 〕
(2) 우리 반 〔　　〕인 민철이는 늘 선생님께 꾸중을 들었어요. 　〔 우수 학생 │ 말썽거리 〕
(3) 아파트에서 층간 소음 문제는 항상 〔　　〕이다. 　〔 골칫거리 │ 장점 〕

④ 밑줄 친 말을 〔보기〕 중 하나로 바꾸어 올바른 문장으로 고쳐 써 보세요.

〔보기〕

| 별로인 | 뛰어난 | 말썽거리인 | 평범한 |

황소윤 씨의 엉망인 기타 연주는 공연에서 큰 박수를 받았습니다.

➡ _____

1 '가만히 두면 아무 탈이 없을 것을 괜히 건드려 문제를 만든다'는 뜻의 속담은 무엇일까요?

( )

① 호랑이 굴에 가야 호랑이 새끼를 잡는다
② 자는 호랑이 코 찌르기
③ 호랑이도 제 말하면 온다
④ 송곳니를 가진 호랑이는 뿔이 없다

2 다음 그림은 도로에서 일어나는 어떤 문제점에 대해 설명하고 있어요. 문제점이 무엇인지 골라 보세요. ( )

① 빨간불에 길을 건너면 위험합니다.
② 고속도로를 지날 때는 돈을 내야 합니다.
③ 안전띠는 생명을 지켜 줍니다.
④ 불법 주차를 해서는 안 됩니다.

3 다음 글의 빈칸에 들어갈 낱말로 알맞은 것을 골라 보세요. ( )

> 아인슈타인은 세 살이 되도록 말을 하지 못했고, 중학생 때는 산만한 수업 태도가 〔 〕였습니다. 그러나 아인슈타인의 어머니는 포기하지 않았어요. "너는 너만의 특별한 능력이 있단다." 라고 말하며 아인슈타인을 항상 격려했지요.

① 감사 　　　　② 우수 　　　　③ 특이 　　　　④ 문제

부분

전체 중 하나
전체를 이루는 작은 것 또는 전체를 여러 개로 나
눈 것 가운데 하나를 나타낼 때 써요.

어휘 뜻 익히기

1 위의 그림에서 동생은 책을 어떻게 하기로 했나요? (   )

① 책이 지루해서 그만 읽기로 했다.　　② 책을 끝까지 다 읽기로 했다.
③ 마지막 부분만 읽기로 했다.　　　　④ 다른 책을 찾아서 읽기로 했다.

2 '부분'이라는 말이 무슨 뜻일지 짐작해 보고, 알맞은 것에 ○표 해 보세요.

송두리째　　　　전체 중 하나　　　모두　　　전부　　　전체

3 낱말을 따라 쓰고 소리 내어 읽어 보세요.

부	분				

어휘망으로 확장하기

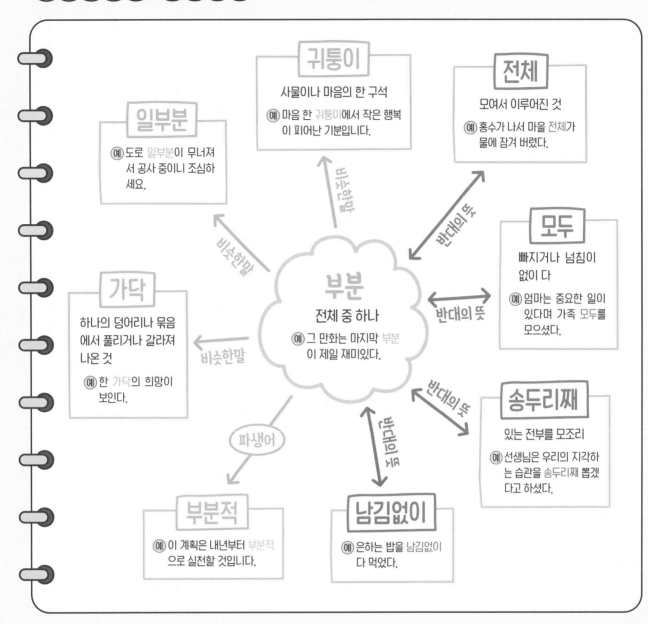

귀퉁이
사물이나 마음의 한 구석
(예) 마음 한 귀퉁이에서 작은 행복이 피어난 기분입니다.

전체
모여서 이루어진 것
(예) 홍수가 나서 마을 전체가 물에 잠겨 버렸다.

일부분
(예) 도로 일부분이 무너져서 공사 중이니 조심하세요.

모두
빠지거나 넘침이 없이 다
(예) 엄마는 중요한 일이 있다며 가족 모두를 모으셨다.

가닥
하나의 덩어리나 묶음에서 풀리거나 갈라져 나온 것
(예) 한 가닥의 희망이 보인다.

부분
전체 중 하나
(예) 그 만화는 마지막 부분이 제일 재미있다.

송두리째
있는 전부를 모조리
(예) 선생님은 우리의 지각하는 습관을 송두리째 뽑겠다고 하셨다.

부분적
(예) 이 계획은 내년부터 부분적으로 실천할 것입니다.

남김없이
(예) 은하는 밥을 남김없이 다 먹었다.

비슷한말 / 반대의 뜻 / 파생어

문장으로 확장하기

가장 중요한 부분이 못 쓰게 되어 쓸모없게 된 것을 비유적으로 이르는 속담이에요.

속담
부러진 송곳

(예) 선풍기 날개가 부러지다니, 이제 이 선풍기는 '부러진 송곳'이나 다름없어.

어휘 뜻 확인하기

① 다음 그림을 보고, 빈칸에 들어갈 알맞은 낱말을 [보기]에서 찾아 써 보세요.

보기

모조리	전체	일부분	온통

도로의 [   ]이(가) 무너져서 공사 중이니 운전할 때 조심하세요.

➡ _____

② '부분'을 잘 사용했으면 ○표, 잘못 사용했으면 ✕표 해 보세요.

(1) 옷을 빨았지만, 소매 부분의 때가 그대로다. (   )

(2) 우리 가족은 엄마, 이모, 나, 동생이 부분적이에요. (   )

③ 아래의 문장에서 빈칸에 들어갈 알맞은 말을 찾아 ○표 해 보세요.

(1) 요리사는 재료의 [   ]만 손질하고 나머지는 조수에게 시켰다. | 일부분 | 몽땅 |

(2) 엄마의 머리에 몇 [   ]의 흰머리가 보인다. | 전체 | 가닥 |

(3) 마음 한 [   ]에서 작은 행복이 피어난 기분입니다. | 귀퉁이 | 송두리째 |

④ 밑줄 친 말을 [보기] 중 하나로 바꾸어 올바른 문장으로 고쳐 써 보세요.

보기

한구석	귀퉁이	전체	부분

팀원 몇몇(이)가 모두 힘을 모아 우승이라는 목표를 향해 열심히 뛰었다.

➡ _____

1 다음 그림에 어울리는 속담은 무엇인가요? (　　　)

① 부러진 송곳

② 주머니에 들어간 송곳이라

③ 도끼로 제 발등 찍는다

④ 구르는 돌에는 이끼가 안 낀다

2 선생님의 말풍선에 들어갈 말로 가장 적절한 것을 골라 보세요. (　　　)

① 시간이 부족하니 중요한 부분만 짧게 발표하렴.

② 선생님의 이야기는 듣지 않아도 돼요.

③ 발표할 학생은 나와 주세요.

④ 발표할 모둠이 없구나.

3 다음 글의 빈칸에 들어갈 낱말로 알맞은 것을 골라 보세요. (　　　)

> 길을 잃고 헤매던 헨젤과 그레텔은 과자로 만들어진 집을 발견했어요.
> "와! 집 전체가 과자로 만들어졌잖아. 배가 너무 고픈데 조금만 먹어도 될까?"
> 아이들은 과자 지붕의 [　　　]만 조심스럽게 뜯어 먹었어요.

① 전부　　　　　② 귀퉁이　　　　　③ 온통　　　　　④ 모두

사실

실제로 일어난 일
❶ 실제로 있었던 일이나 현재 일어나고 있는 일
❷ 겉으로 드러나지 않은 일을 솔직하게 말할 때 쓰는 말
❸ 자신의 말이 옳다고 강조할 때 쓰는 말

어휘 뜻 익히기

① 위의 그림에서 형이 동생에게 알려 준 사실은 무엇인가요? (   )

① 동생은 텔레비전을 보고 있다.   ② 동생은 간식을 잘 보호한다.

③ 형은 다큐멘터리를 좋아한다.   ④ 가시고기는 새끼가 나올 때까지 알을 보호한다.

② '사실'이라는 말이 무슨 뜻일지 짐작해 보고 알맞은 것에 ○표 해 보세요.

| 가짜 | | 실제 | | 엉터리 | | 속임수 | | 거짓말 |

③ 낱말을 따라 쓰고 소리 내어 읽어 보세요.

사	실	사	실				

어휘망으로 확장하기

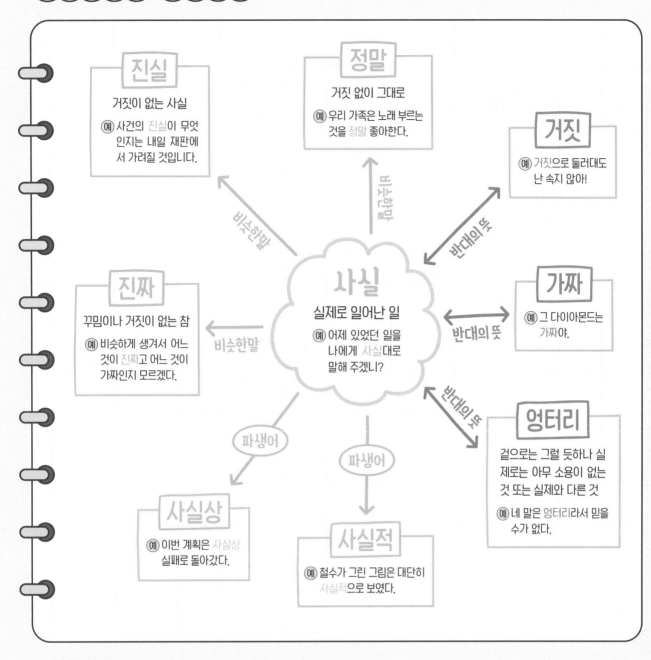

진실
거짓이 없는 사실
(예) 사건의 진실이 무엇인지는 내일 재판에서 가려질 것입니다.

정말
거짓 없이 그대로
(예) 우리 가족은 노래 부르는 것을 정말 좋아한다.

거짓
(예) 거짓으로 둘러대도 난 속지 않아!

진짜
꾸밈이나 거짓이 없는 참
(예) 비슷하게 생겨서 어느 것이 진짜고 어느 것이 가짜인지 모르겠다.

사실
실제로 일어난 일
(예) 어제 있었던 일을 나에게 사실대로 말해 주겠니?

가짜
(예) 그 다이아몬드는 가짜야.

엉터리
겉으로는 그럴 듯하나 실제로는 아무 소용이 없는 것 또는 실제와 다른 것
(예) 네 말은 엉터리라서 믿을 수가 없다.

사실상
(예) 이번 계획은 사실상 실패로 돌아갔다.

사실적
(예) 철수가 그린 그림은 대단히 사실적으로 보였다.

비슷한말 / 비슷한말 / 비슷한말 / 반대의 뜻 / 반대의 뜻 / 반대의 뜻 / 파생어 / 파생어

문장으로 확장하기

아무리 사실대로 말해도 믿지 않는다는 뜻이에요.

속담 콩으로 메주를 쑨다 하여도 곧이듣지 않는다

(예) 자꾸 거짓말을 하니까, 이제 네가 콩으로 메주를 쑨다 해도 곧이들리지 않아.

어휘 뜻 확인하기

1 다음 그림을 보고, 빈칸에 들어갈 알맞은 낱말을 보기 에서 찾아 써 보세요.

보기

| 가짜 | 거짓 | 별로 | 정말 |

우리 가족은 노래 부르는 것을 ☐ 좋아 한다.

➡ _____

2 '사실'을 잘 사용했으면 ○표, 잘못 사용했으면 ✕표 해 보세요.

(1) 그 반지는 진짜 보석이 아닌 사실 보석이야. (　　)
(2) 어제 있었던 일을 사실 그대로 나에게 말해 주겠니? (　　)

3 아래의 문장에서 빈칸에 들어갈 알맞은 말을 찾아 ○표 해 보세요.

(1) 법정에선 ☐ 만을 말할 것을 선서해야 한다. | 진실 | 거짓 |

(2) 비슷하게 생겨서 어느 것이 ☐ (이)고 어느 것이 가짜인지 모르겠다. | 거짓 | 진짜 |

(3) 너의 ☐ 말에 속아 넘어가지 않아! | 거리 | 거짓 |

4 밑줄 친 말을 보기 중 하나로 바꾸어 올바른 문장으로 고쳐 써 보세요.

보기

| 진실 | 엉터리 | 현실 | 실제 |

네 말은 모두 사실(이)라서 믿을 수가 없다.

➡ _____

① 다음 그림에 어울리는 속담은 무엇인가요? (   )

① 남의 손의 떡은 커 보인다
② 콩으로 메주를 쑨다 하여도 곧이 듣지 않는다
③ 소 잃고 외양간 고친다
④ 말 한마디에 천 냥 빚도 갚는다

② 다음 그림에서 알 수 있는 사실을 골라 보세요. (   )

① 지수는 인기가 많다.
② 지수는 혼나고 있다.
③ 지수는 칭찬받고 있다.
④ 지수는 편지를 쓰고 있다.

③ 다음 글의 빈칸에 들어갈 낱말로 알맞은 것을 골라 보세요. (   )

> 우리가 맛있게 먹고 있는 게맛살은 '게살 맛이 나는 식품'입니다. 몇몇 제품에는 게살이 조금 들어가기는 하지만, 대부분이 명태나 대구 등 흰 살 생선으로 만들어집니다. 처음에는 이러한 (   )을 제품에 적지 않았지만, 현재는 안내문을 적어 넣고 있습니다.

① 느낌　② 사실　③ 사물　④ 생각

1 다음 문장에 들어갈 알맞은 낱말을 보기 에서 찾아 써 보세요.

보기

| 전체 | 모두 | 부분 | 재미 |

나는 책에서 어려운 _____ (은)는 읽지 않고 넘어갔다.

2 '규칙'을 잘 사용했으면 ○표, 잘못 사용했으면 ✕표 해 보세요.

(1) 두 팀은 규칙을 잘 지켜 가며 정정당당하게 경기했다. (　　　)
(2) 아이들이 마구 규칙적으로 벗어 놓은 신발을 정리했다. (　　　)

3 아래의 문장에서 빈칸에 들어갈 알맞은 말을 찾아 ○표 해 보세요.

(1) 이 가면은 [　　] 호랑이 같다. [정말 | 별로]
(2) 언니의 주장은 [　　] 과는 달랐다. [성실 | 사실]
(3) 어떤 사람이 길을 [　　] 로 가르쳐 주는 바람에 늦었어. [엉터리 | 진실]

4 밑줄 친 말을 보기 중 하나로 바꾸어 올바른 문장으로 고쳐 써 보세요.

보기

| 놀이 | 숙제 | 계획 | 결과 |

이번 방학에는 강원도로 갈 시험(이)야.

➡ _____

5 다음 문장의 순서가 바르게 되도록 다시 써 보세요.

| 찾았다. / 문제점을 / 고장 난 스마트폰의 / 언니는 |

➡ _____

종합 문제

1 '가장 중요한 부분이 못 쓰게 되어 쓸모없게 되었다'는 뜻의 속담은 무엇일까요? (　　　)

① 우물 안 개구리

② 말로는 못 할 말이 없다

③ 부러진 송곳

④ 까마귀 날자 배 떨어진다

 2 다음 그림에서 아빠의 말풍선에 이어질 적절한 말을 골라 보세요. (　　　)

벌써 용돈을 다 썼다고? 이번에는 _____

① 용돈은 많을수록 좋단다.

② 용돈은 무작정 쓰는 게 좋단다.

③ 용돈은 무턱대고 사용하는 거란다.

④ 계획을 잘 세워서 용돈을 사용하렴.

 3 다음 글의 빈칸에 들어갈 낱말로 알맞지 <u>않은</u> 것을 골라 보세요. (　　　)

> 끊이지 않고 일어나는 교통사고는 어떻게 해결해야 할까요? 교통사고는 운전자만 해를 입는 것이 아니라, 남에게도 큰 해를 끼칩니다. 특히, 어린이에게는 큰 피해로 이어질 수 있습니다. 어린이 보호 구역 지정은 우리나라의 오래된 [　　　]인 어린이 교통사고를 줄이기 위해 법으로 정한 규칙입니다.

① 문제점 　　　② 우수성 　　　③ 말썽거리 　　　④ 골칫거리

1주

선택

골라서 뽑음
여러 가지 중에서 마음에 드는 것이나 필요한
것을 골라서 뽑는다는 뜻이에요.

어휘 뜻 익히기

① 위의 그림에서 민지는 왜 신발을 선택하지 못하고 있을까요? (   )

① 아빠가 마음대로 골라서　　　　② 둘 다 예쁘고 어울려서

③ 가격이 비싸서　　　　④ 마음에 드는 구두가 없어서

② '선택'이라는 말이 무슨 뜻일지 짐작해 보고, 알맞지 <u>않은</u> 것에 ○표 해 보세요.

| 뽑다 | 정하다 | 갈등하다 | 고르다 |

③ 낱말을 따라 쓰고 소리 내어 읽어 보세요.

| 선 | 택 | 선 | 택 | | | | |

어휘망으로 확장하기

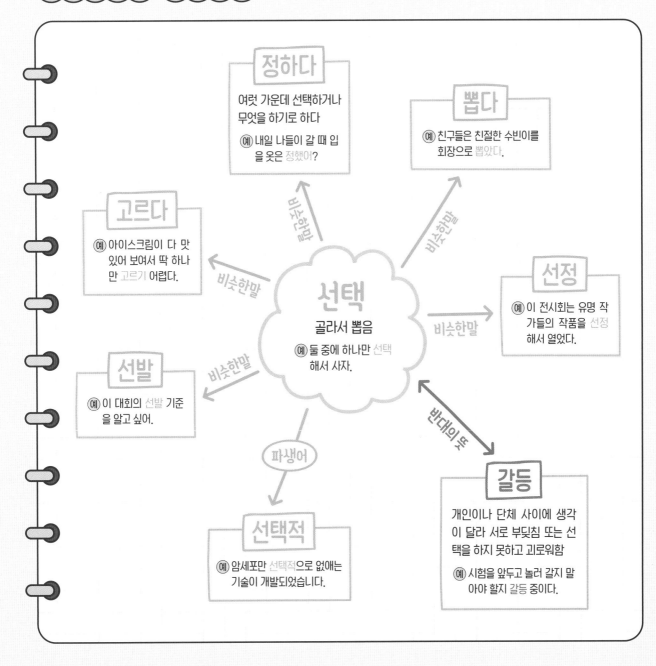

정하다
여러 가운데 선택하거나 무엇을 하기로 하다
예) 내일 나들이 갈 때 입을 옷은 정했어?

뽑다
예) 친구들은 친절한 수빈이를 회장으로 뽑았다.

고르다
예) 아이스크림이 다 맛있어 보여서 딱 하나만 고르기 어렵다.

선택
골라서 뽑음
예) 둘 중에 하나만 선택해서 사자.

비슷한말

비슷한말

비슷한말

비슷한말

반대의뜻

파생어

선정
예) 이 전시회는 유명 작가들의 작품을 선정해서 열었다.

선발
예) 이 대회의 선발 기준을 알고 싶어.

선택적
예) 암세포만 선택적으로 없애는 기술이 개발되었습니다.

갈등
개인이나 단체 사이에 생각이 달라 서로 부딪침 또는 선택을 하지 못하고 괴로워함
예) 시험을 앞두고 놀러 갈지 말아야 할지 갈등 중이다.

문장으로 확장하기

속담
가는 날이 장날

예) 가는 날이 장날이라고 내일부터 장마라는데 하필 오늘 이불을 모두 빤 거니?

일을 보려고 선택한 날이 하필 장이 서는 날이라는 뜻으로, 어떤 일을 하려고 하는데 뜻하지 않은 일을 당한다는 속담이에요.

① 다음 그림을 보고, 빈칸에 들어갈 알맞은 낱말을 보기 에서 찾아 써 보세요.

보기

| 없앴다 | 뽑았다 | 받았다 | 주었다 |

친구들은 착한 남수를 회장으로 [   ].

➡ _____

② '선택'을 잘 사용했으면 ○표, 잘못 사용했으면 ✕표 해 보세요.

(1) 내일 어떤 영화를 볼지 선택했어? (   )

(2) 지영이는 경기 성적이 좋지 않아 대표 팀으로 선택됐다. (   )

③ 아래의 문장에서 빈칸에 들어갈 알맞은 말을 찾아 ○표 해 보세요.

(1) 이 전시회는 유명 작가들의 작품을 [   ] 해서 열었다. [탈락 | 선정]

(2) 아이스크림이 다 맛있어 보여서 딱 하나만 [   ] 가 어렵다. [고르기 | 모으기]

(3) 성적이 좋은 학생들 중에서 올해의 장학생을 [   ] 는 소식이 들렸다.

[뽑았다 | 떨어뜨렸다]

④ 밑줄 친 말을 보기 중 하나로 바꾸어 올바른 문장으로 고쳐 써 보세요.

보기

| 선정 | 선발 | 갈등 | 확실 |

나는 결정을 쉽게 못 하는 편이라 자주 <u>선택</u>에 빠진다.

➡ _____

1 다음 그림에 어울리는 속담은 무엇인가요? (   )

① 가는 날이 장날
② 사공이 많으면 배가 산으로 간다
③ 작은 고추가 더 맵다
④ 가랑비에 옷 젖는 줄 모른다

2 다음 그림을 보고 아이의 속마음으로 적절한 것을 골라 보세요. (   )

① 지루해. 친구들이랑 게임하고 싶다.
② 모두 재밌어 보이는데 다섯 권만 어떻게 선택하지?
③ 얼른 숙제해야 하는데 언제 집에 가는 걸까?
④ 도서관은 책을 사기 좋은 장소지.

3 다음 글의 빈칸에 들어갈 낱말로 알맞은 것을 골라 보세요. (   )

> 하루는 선조 임금께서 일곱 명의 아들에게 물었습니다.
> "이 음식 중에 가장 귀하고 좋은 음식을 골라 보겠느냐?"
> 값비싼 인삼, 몸에 좋은 약초, 맛있는 고기…. 모두 귀한 재료와 맛있는 음식을 가리켰습니다. 그런데 광해는 흔하디흔한 '소금'을 [   ]하는 게 아니겠어요?

① 선뜻   ② 갈등   ③ 선택   ④ 선물

설명 | 풀어서 말하는 것
어떤 것을 남에게 알기 쉽게 풀어서 말하는 것이나 그런 말을 뜻해요.

어휘 뜻 익히기

① 위의 그림에서 아이들은 왜 지수 옆에 모여 있을까요? (　　　)

① 지수가 회장이라서　　　　　② 지수가 귀엽고 착해서

③ 지수와 놀고 싶어서　　　　　④ 지수가 모르는 문제를 잘 설명해 줘서

② '설명'이라는 말이 무슨 뜻일지 짐작해 보고, 알맞지 않은 것에 ○표 해 보세요.

| 풀어서 말하는 것 | 쉽게 말하는 것 | 이해할 수 있게 말하는 것 | 어렵게 말하는 것 |

③ 낱말을 따라 쓰고 소리 내어 읽어 보세요.

| 설 | 명 | | 설 | 명 | | | | | | |

어휘망으로 확장하기

2주

이야기하다
어떠한 사실이나 상태, 현상, 경험, 생각 등을 말로 하거나 글로 쓰다
(예) 어제 친구가 무엇에 관해 이야기했는지 기억나지 않는다.

해설
어려운 문제나 사건의 내용 등을 알기 쉽게 풀어 설명함
(예) 그 전시회는 작품 아래에 해설이 자세히 적혀 있어서 좋았다.

설명
풀어서 말하는 것
(예) 자세한 설명은 다음 시간에 하겠습니다.

비슷한말 *비슷한말*

서술
사건이나 생각 등을 차례대로 말하거나 적음
(예) 자동차가 움직이는 원리를 서술하시오.

비슷한말

생략
전체에서 일부를 줄이거나 빼서 간단하게 만듦
(예) 필요 없는 말은 생략하고 요점만 말해 봐.

반대의 뜻

합성어

설명서
내용이나 이유, 사용법을 설명한 글
(예) 스마트폰 설명서는 여러 나라의 말로 쓰여 있다.

헷갈리기 쉬운 말

설득
상대가 자신의 생각을 따르도록 깨우쳐 말하는 것
(예) 형은 학원을 그만두겠다고 했는데, 아빠의 끈질긴 설득으로 계속 다니기로 했다.

문장으로 확장하기

자세히 설명하지 않거나, 잘못된 설명을 해도 어떤 말인지 바로 알아듣는다는 뜻이에요.

속담
콩떡같이 말해도 찰떡같이 알아듣다

(예) 채소라고 말했는데 김밥에 넣을 오이를 딱 가져오다니, 너는 콩떡같이 말해도 찰떡같이 알아듣는구나.

1 다음 그림을 보고, 빈칸에 들어갈 알맞은 낱말을 **보기** 에서 찾아 써 보세요.

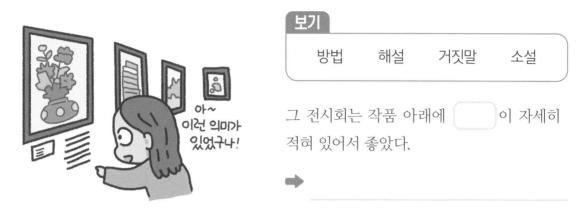

보기

방법	해설	거짓말	소설

그 전시회는 작품 아래에 [   ]이 자세히
적혀 있어서 좋았다.

➡

---

2 '설명'을 잘 사용했으면 O표, 잘못 사용했으면 X표 해 보세요.

(1) 선생님께서는 행사에 대해 자세히 설명을 해 주셨다. (   )

(2) 누나는 새로운 스마트폰을 사기 위해 계약서에 설명했다. (   )

---

3 아래의 문장에서 빈칸에 들어갈 알맞은 말을 찾아 O표 해 보세요.

(1) 어제 친구가 무엇에 관해 [   ]했는지 기억이 나지 않는다. | 이야기 | 이론 |

(2) 이 책은 뜨개질 방법이 알기 쉽게 [   ]되어 있다. | 결론 | 서술 |

(3) 이 글은 원래 내용에서 [   ]된 게 많아, 이해가 안 가는 부분이 있다. | 생략 | 해설 |

---

4 밑줄 친 말을 **보기** 중 하나로 바꾸어 올바른 문장으로 고쳐 써 보세요.

보기

해설	서술	생략	설득

필요 없는 말은 <u>설명하고</u> 요점만 이야기해 봐.

➡

1 '자세히 설명하지 않아도 어떤 말인지 알아듣는다'는 뜻의 속담은 무엇인가요? (　　)

① 닭 잡아먹고 오리발 내놓기

② 소문난 잔치에 먹을 것 없다

③ 콩떡같이 말해도 찰떡같이 알아듣다

④ 길고 짧은 것은 대어 봐야 안다

2 다음 그림에 대한 설명으로 가장 적절한 것을 골라 보세요. (　　)

① 개발한 제품에 대해 발표하고 있다.

② 친구들과 식사를 하고 있다.

③ 백화점에서 물건을 사고 있다.

④ 가족과 여행을 하고 있다.

3 다음 글의 빈칸에 들어갈 낱말로 알맞은 것을 골라 보세요. (　　)

> 지난 20일 오전 9시에 '좋은 나라' 당의 김민지 대통령 후보는 자신이 내세운 공약을 발표하고
> ☐☐하는 시간을 가졌습니다. 김민지 후보는 경제를 살리고 교육에 힘써야 한다고 다시 한번
> 강조해, 그를 지지하는 사람들에게 큰 박수를 받았습니다.

① 간략　　　　② 설명　　　　③ 생략　　　　④ 소중

성질 | 원래 본바탕
사람이나 사물, 현상이 가지고 있는 원래의
본바탕이나 특징을 나타내는 말이에요.

감감한데 도로 표지판 글자만 반짝거려요.

어두운 곳에서 빛을 내는 성질이 있는 야광 물질로 글자를 적어서 그렇단다.

아하! 휴게소의 '라면' 글자도 야광으로 적혀 있으면 더 잘 보이겠는데요?

하하하, 걱정하지 마! 아빠가 누구보다 빨리 찾을 테니!

나 엄청 출중하거든!

어휘 뜻 익히기

① 위의 그림에서 야광 물질이 가진 성질은 무엇인가요? (   )

① 음식 이름을 적는 데 사용한다.   ② 밝은 곳에서만 빛을 낸다.

③ 도로 위에서만 사용한다.   ④ 어두운 곳에서 빛을 낸다.

② '성질'이라는 말이 무슨 뜻일지 짐작해 보고, 알맞은 것에 ○표 해 보세요.

원래 가지고 있는 것   평범한 것   사실이 아닌 것   뜻밖인 것

③ 낱말을 따라 쓰고 소리 내어 읽어 보세요.

성 질   성 질

어휘망으로 확장하기

2주

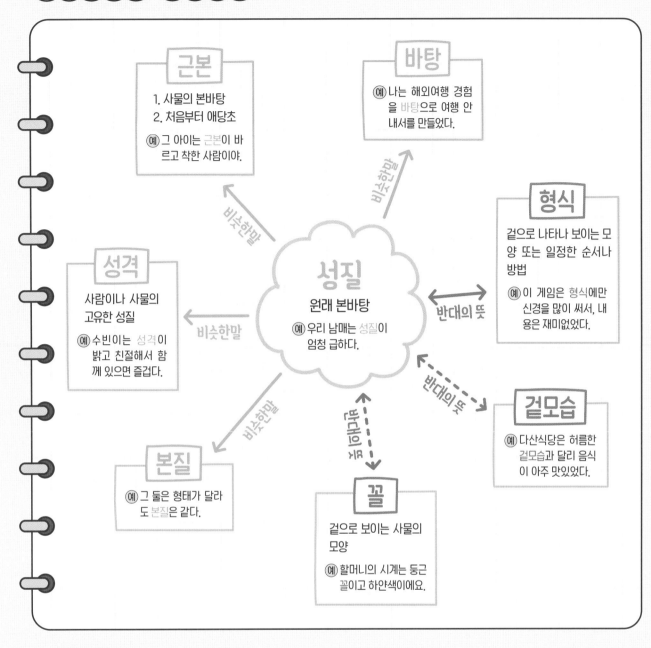

문장으로 확장하기

속담
십 리* 밖에 있어도 오리나무

아무리 먼 곳에 있어도 오리나무는 여전히 오리나무라는 뜻으로, 사물의 성질은 변하지 않는다는 속담이에요.

예 십 리 밖에 있어도 오리나무라고, 미국에 산 지 10년이 넘었는데도 여전히 김치찌개가 제일 좋아!

*리: 옛날 거리의 단위, 1리는 약 0.393km

1 다음 그림을 보고, 빈칸에 들어갈 알맞은 낱말을 보기 에서 찾아 써 보세요.

보기

자연	방법	성질	실험

나방은 빛을 좋아해서 불빛 가까이 모여드는 ⬚ 이 있다.

➡ _____

2 '성질'을 잘 사용했으면 ○표, 잘못 사용했으면 ✕표 해 보세요.

(1) 이곳 공기가 좋아서 등산하기에 성질하다. (　　　)
(2) 같은 성질의 자석을 가까이 댔더니 서로 밀어냈다. (　　　)

3 아래의 문장에서 빈칸에 들어갈 알맞은 말을 찾아 ○표 해 보세요.

(1) 희주는 ⬚ 이 바르고 착한 사람이야. | 근본 | 문제점 |
(2) 나는 해외여행 경험을 ⬚ 으로 여행 안내서를 만들었다. | 거짓 | 바탕 |
(3) 이 게임은 ⬚ 에만 신경을 많이 써서, 내용은 재미없었다. | 형식 | 성질 |

4 밑줄 친 말을 보기 중 하나로 바꾸어 올바른 문장으로 고쳐 써 보세요.

보기

본질	근본	꼴	양

할머니의 시계는 둥근 마음이고 하얀색이에요.

➡ _____

1 다음 그림에 어울리는 속담은 무엇인가요? (   )

외국에 오래 살았지만 식성은 안 변하더라고.

① 굼벵이도 구르는 재주가 있다
② 길고 짧은 것은 대어 봐야 안다
③ 미운 아이 떡 하나 더 준다
④ 십 리 밖에 있어도 오리나무

2 다음 그림을 보고, 풍선의 성질로 알맞은 것을 골라 보세요. (   )

후욱~

① 손으로 만지면 사라진다.
② 아주 무겁고 단단하다.
③ 뾰족하고 날카롭다.
④ 말랑하고 잘 늘어난다.

3 다음 글의 빈칸에 들어갈 낱말로 알맞은 것을 골라 보세요. (   )

> 물과 기름을 섞으면 기름이 물 위에 둥둥 뜹니다. 두 물질이 잘 섞이지 않는 이유는 기름이 물보다 가볍기 때문입니다. 물 위에 기름으로 만든 물감을 떨어뜨려 작품을 만들어 내는 '마블링' 미술 기법은 이렇게 물과 기름이 섞이지 않는 [   ]을 이용한 것입니다.

① 마술   ② 겉모습   ③ 성질   ④ 형식

2주

소개

잘 알도록 해 주는 것
모르는 사실, 내용, 사람 등을 잘 알도록 해 주는 것을 뜻해요.

어휘 뜻 익히기

1 위의 그림에서 은호는 텔레비전에서 무엇을 보고 있나요? (   )

① 흥미로운 예능 프로그램　　　　　　② 영화 소개 프로그램

③ 자신이 나오는 프로그램　　　　　　④ 멋진 배우가 나오는 드라마

2 '소개'라는 말이 무슨 뜻일지 짐작해 보고, 알맞은 것에 ○표 해 보세요.

숨기다　　　　알리다　　　　감추다　　　　덮다　　　　줄이다

3 낱말을 따라 쓰고 소리 내어 읽어 보세요.

소개

어휘망으로 확장하기

2주

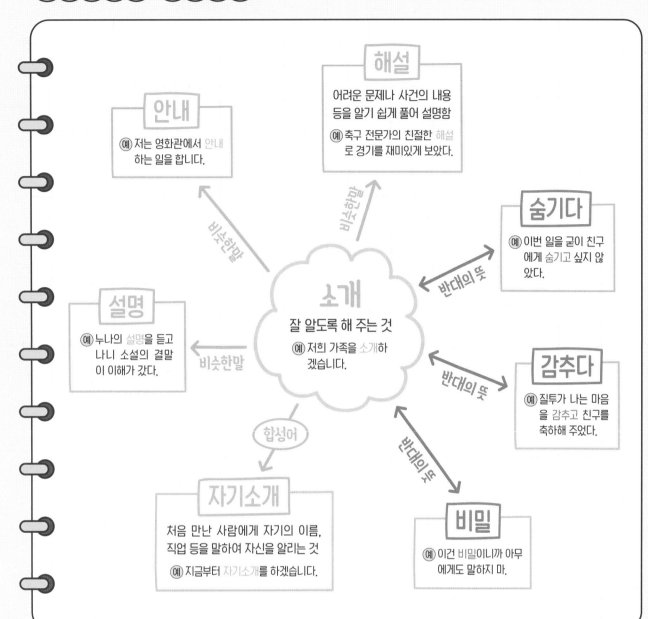

해설
어려운 문제나 사건의 내용 등을 알기 쉽게 풀어 설명함
(예) 축구 전문가의 친절한 해설로 경기를 재미있게 보았다.

안내
(예) 저는 영화관에서 안내하는 일을 합니다.

숨기다
(예) 이번 일을 굳이 친구에게 숨기고 싶지 않았다.

비슷한말

비슷한말

반대의 뜻

소개
잘 알도록 해 주는 것
(예) 저희 가족을 소개하겠습니다.

설명
(예) 누나의 설명을 듣고 나니 소설의 결말이 이해가 갔다.

비슷한말

반대의 뜻

감추다
(예) 질투가 나는 마음을 감추고 친구를 축하해 주었다.

합성어

반대의 뜻

자기소개
처음 만난 사람에게 자기의 이름, 직업 등을 말하여 자신을 알리는 것
(예) 지금부터 자기소개를 하겠습니다.

비밀
(예) 이건 비밀이니까 아무에게도 말하지 마.

문장으로 확장하기

(속담)
얼굴이 요패*라

(예) 얼굴이 요패라고, 굳이 소개하지 않아도 다들 아는 분이시죠?

널리 알려진 얼굴이라 굳이 소개하지 않아도 유명한 사람을 나타내는 속담이에요.

*요패: 옛날에 쓰인 신분증

1 다음 그림을 보고, 빈칸에 들어갈 알맞은 낱말을 보기 에서 찾아 써 보세요.

보기

| 명령 | 초대 | 안내 | 계산 |

저는 백화점에서 [　　　]하는 일을 합니다.

➡ _____

2 '소개'를 잘 사용했으면 ○표, 잘못 사용했으면 ✕표 해 보세요.

(1) 도둑은 돈을 훔친 장소를 소개해서 들키지 않을 수 있었다. (　　　)
(2) 다음은 신제품을 소개하는 순서입니다. (　　　)

3 아래의 문장에서 빈칸에 들어갈 알맞은 말을 찾아 ○표 해 보세요.

(1) 축구 전문가의 친절한 [　　　](으)로 경기를 재미있게 보았다. [해설 | 생략]

(2) 이건 [　　　]이니까 아무에게도 말하지 마. [걸음 | 비밀]

(3) 누나의 [　　　]을 듣고 나니 소설의 결말이 이해가 갔다. [비용 | 설명]

4 밑줄 친 말을 보기 중 하나로 바꾸어 올바른 문장으로 고쳐 써 보세요.

보기

| 밝히고 | 말하고 | 설명하고 | 감추고 |

지우는 아무도 모르게 질투가 나는 마음을 <u>알리고</u>, 형을 축하해 주었다.

➡ _____

1 '널리 알려져서 굳이 소개하지 않아도 되는 사람'을 뜻하는 속담은 무엇일까요? (   )

① 수박 겉 핥기

② 작은 고추가 더 맵다

③ 얼굴이 요패라

④ 피는 물보다 진하다

2 다음 그림에서 사회자의 말풍선에 들어갈 말로 적절한 것을 골라 보세요. (   )

① 9시 뉴스를 진행하겠습니다.

② 인기 가수, 이지은 씨를 소개합니다.

③ 화재 현장을 취재한 김철수 기자입니다.

④ 오늘 날씨를 말씀드리겠습니다.

3 다음 글의 빈칸에 들어갈 낱말로 알맞은 것을 골라 보세요. (   )

> 오늘은 우리나라 전통 음식인 약과에 대해 [   ]해 보겠습니다. 달콤하고 고소한 약과는 고운 체로 친 밀가루에 참기름과 꿀, 생강즙, 술 등을 넣고 반죽하여 기름에 튀긴 과자입니다. 옛날에는 기름과 꿀이 귀한 데다, 약으로도 취급되었기 때문에 '약'이라는 단어가 붙었다고 합니다.

① 소개   ② 비밀   ③ 문제   ④ 숙제

이해

알고 받아들이는 것
❶ 무엇이 어떤 것인지를 아는 것 또는 받아들이는 것
❷ 남의 형편을 알고 받아들이는 것

어휘 뜻 익히기

① 위의 그림에서 동생은 무엇을 힘들어하고 있나요? (   )

① 수학 문제를 푸는 것 　　　　② 언니가 공부를 안 도와주는 것

③ 언니와 대화하는 것 　　　　④ 천천히 공부하는 것

② '이해'라는 말이 무슨 뜻일지 짐작해 보고, 알맞은 것에 ○표 해 보세요.

| 힘들다 | 이상하다 | 알다 | 어렵다 | 모르다 |

③ 낱말을 따라 쓰고 소리 내어 읽어 보세요.

| 이 | 해 | 이 | 해 |

어휘망으로 확장하기

깨닫다

깊이 생각한 끝에 알게 되다

(예) 친구의 말 한마디에 내 잘못을 깨달았다.

납득

다른 사람의 말이나 행동, 형편을 잘 알아서 옳다고 인정하고 이해하는 것

(예) 충분히 설명했는데도 사람들은 그 상황을 납득하지 못했다.

파악

어떤 것의 내용, 상황을 확실하게 이해하여 아는 것

(예) 나는 서준이가 화내는 이유조차 파악하지 못했다.

비슷한말

비슷한말

이해

알고 받아들이는 것

(예) 나도 늦을 수밖에 없었던 네 사정을 이해해.

비슷한말

모르다

(예) 야구 규칙을 몰라서 오늘 경기를 망치고 말았다.

반대의 뜻

미지

아직 모름

(예) 많은 사람이 미지의 세계에 대한 탐험을 꿈꾼다.

반대의 뜻

반대의 뜻

알다

(예) 사전을 찾아보고 그 뜻이 무엇인지 알았다.

어렵다

(예) 그 수학 문제는 너무 어려워서 푸는 데 오래 걸렸다.

2주

문장으로 확장하기

속담
배부른 사람은 배고픈 사람의 사정을 모른다

(예) 배부른 사람은 배고픈 사람의 사정을 모른다고 수도꼭지만 틀면 물이 펑펑 나오니, 물이 부족한 나라가 있다는 걸 잘 모른다.

고생을 해 보지 않은 사람은 고생하는 사람의 형편이나 까닭을 이해하지 못한다는 뜻이에요.

어휘 뜻 확인하기

1 다음 그림을 보고, 빈칸에 들어갈 알맞은 낱말을 **보기** 에서 찾아 써 보세요.

보기

| 화가 났다 | 몰랐다 | 물어봤다 | 깨달았다 |

친구의 말 한마디에 내 잘못을 [   ].

➡ _____

2 '이해'를 잘 사용했으면 ○표, 잘못 사용했으면 ✕표 해 보세요.

(1) 아무리 설명해도 내 마음을 이해하는 누나가 미웠다. (   )

(2) 책 내용이 너무 복잡해서 이해하기 어렵다. (   )

3 아래의 문장에서 빈칸에 들어갈 알맞은 말을 찾아 ○표 해 보세요.

(1) 충분히 설명했는데도 사람들은 [   ] 하지 못했다. | 물음 | 납득 |

(2) 사전을 찾아보고 그 뜻이 무엇인지 [   ]. | 속았다 | 알았다 |

(3) 나는 서준이가 화내는 이유조차 [   ] 하지 못했다. | 파악 | 방법 |

4 밑줄 친 말을 **보기** 중 하나로 바꾸어 올바른 문장으로 고쳐 써 보세요.

보기

| 알아서 | 이해해서 | 어려워서 | 깨달아서 |

그 수학 문제는 너무 <u>쉬워서</u> 푸는 데 오래 걸렸다.

➡ _____

_____

1 다음 그림처럼 '고생을 해 보지 않은 사람은 고생하는 사람의 형편이나 까닭을 이해하지 못한다'는 뜻의 속담은 무엇일까요? (   )

① 구슬이 서 말이라도 꿰어야 보배
② 배부른 사람은 배고픈 사람의 사정을 모른다
③ 낮말은 새가 듣고, 밤말은 쥐가 듣는다
④ 입에 쓴 약이 병에는 좋다

2 형과 중요한 약속을 했는데 컴퓨터 게임을 하느라 약속에 늦었어요. 화가 난 형이 할 말로 적절한 것을 골라 보세요. (   )

① 컴퓨터 게임은 정말 재미있어.
② 컴퓨터 게임은 컴퓨터 사양이 중요해.
③ 컴퓨터 게임을 하느라 약속에 늦다니 이해할 수 없어.
④ 나도 내일 약속이 있어.

3 다음 글의 빈칸에 들어갈 낱말로 알맞은 것을 골라 보세요. (   )

늙은 농부는 일손을 놓고 황희가 있는 그늘까지 올라오더니 귀에 대고 작은 소리로 말했어요.
"누렁소가 일을 더 잘한답니다."
황희는 농부가 왜 이렇게 하는지 [   ]가 되지 않았어요.
"그만한 일을 가지고 일부러 논 밖으로 나와 귓속말까지 할 필요는 없지 않소?"

① 이사   ② 방해   ③ 피해   ④ 이해

1 다음 문장에 들어갈 알맞은 낱말을 보기 에서 찾아 써 보세요.

보기

| 생각 | 인정 | 소개 | 성질 |

어린이 신문에 우리 학교의 민수가 쓴 시가 _____ 되었다.

2 '선택'을 잘 사용했으면 ○표, 잘못 사용했으면 ×표 해 보세요.

(1) 둘 중에 하나만 선택해서 사자. (   )
(2) 날씨가 선택해서 기분이 좋다. (   )

3 아래의 문장에서 빈칸에 들어갈 알맞은 말을 찾아 ○표 해 보세요.

(1) 선생님께서 사슴과 고라니의 차이점을 [   ] 해 주셨다. [설명 | 이해]

(2) 이 문제집은 [   ] (이)가 잘되어 있어서 혼자 공부하기에 좋다. [숙제 | 해설]

(3) 아빠가 실망할까 봐 시험에 떨어졌다고 [   ] 할 수 없다. [이야기 | 공부]

4 밑줄 친 말을 보기 중 하나로 바꾸어 올바른 문장으로 고쳐 써 보세요.

보기

| 문제 | 이해 | 필요 | 일기 |

너무 바빠서 약속을 못 지켰어요. 한 번만 <u>무시</u>해 주세요.

➡ _____

5 다음 문장의 순서가 바르게 되도록 다시 써 보세요.

| 같은 극끼리 / 자석은 / 성질이 / 밀어내는 / 있다. |

➡ _____

1 '일을 보려고 선택한 날이 하필 장이 서는 날이라는 뜻으로, 어떤 일을 하려고 하는데 뜻하지 않은 일을 당한다'는 속담은 무엇일까요? (   )

① 십 리 밖에 있어도 오리나무
② 배부른 사람은 배고픈 사람의 사정을 모른다
③ 얼굴이 요패라
④ 가는 날이 장날

 2 다음 그림에서 말풍선의 빈칸에 이어질 말로 가장 적절한 것을 골라 보세요. (   )

이건 비밀이니까,
_____

소곤소곤

① 너를 모두에게 소개할게.
② 아무에게도 얘기하지 마.
③ 정말 설명을 잘하는구나.
④ 네 말은 이해하기 어려워.

 3 다음 글의 빈칸에 들어갈 낱말로 알맞은 것을 골라 보세요. (   )

길을 떠나기 전 아버지는 딸들에게 무엇을 갖고 싶은지 물어보았어요. 첫째 언니와 둘째 언니는 아름다운 옷과 화려한 보석을 선물 받고 싶어 했지요. 그런데 막내인 벨은 아버지의 건강과 장미 한 송이면 된다고 말했어요. 언니들은 도저히 벨의 대답을 ☐ 할 수 없었어요.

① 성질   ② 갈등   ③ 생략   ④ 이해

장면

일이 벌어지는 모양
❶ 어떤 곳에서 무슨 일이 벌어지는 모양
❷ 영화나 연극의 한순간

어휘 뜻 익히기

(1) 위의 그림에서 오빠는 어떤 장면을 보고 가슴이 두근거렸나요? (　　　)

① 새해 아침에 해가 떠오르는 모습　　　　② 가족이 함께 있는 모습
③ 노을이 지는 모습　　　　　　　　　　　④ 놀리는 동생의 모습

(2) '장면'이라는 말이 무슨 뜻일지 짐작해 보고, 알맞지 <u>않은</u> 것에 ○표 해 보세요.

일이 일어나는 모양　　　　생각만 하는 것　　　　영화의 한순간　　　　일이 벌어지는 모양

(3) 낱말을 따라 쓰고 소리 내어 읽어 보세요.

장	면		장	면					

어휘망으로 확장하기

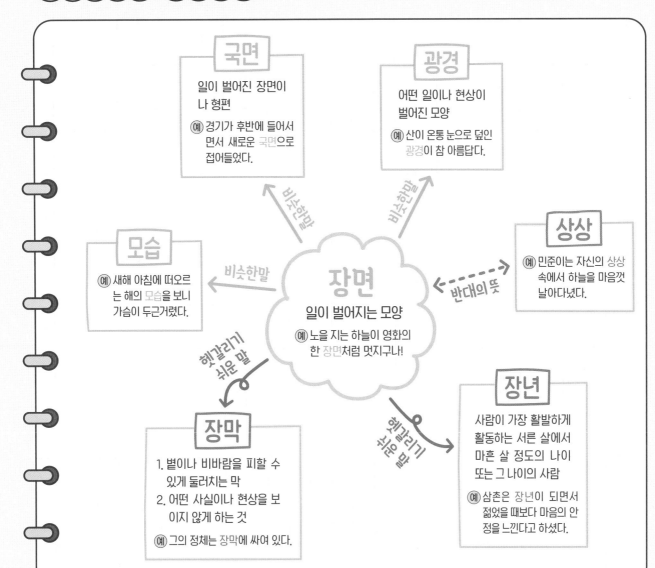

국면

일이 벌어진 장면이나 형편

(예) 경기가 후반에 들어서면서 새로운 국면으로 접어들었다.

광경

어떤 일이나 현상이 벌어진 모양

(예) 산이 온통 눈으로 덮인 광경이 참 아름답다.

비슷한말

비슷한말

모습

(예) 새해 아침에 떠오르는 해의 모습을 보니 가슴이 두근거렸다.

비슷한말

상상

(예) 민준이는 자신의 상상 속에서 하늘을 마음껏 날아다녔다.

반대의 뜻

장면

일이 벌어지는 모양

(예) 노을 지는 하늘이 영화의 한 장면처럼 멋지구나!

헷갈리기 쉬운 말

헷갈리기 쉬운 말

장막

1. 볕이나 비바람을 피할 수 있게 둘러치는 막
2. 어떤 사실이나 현상을 보이지 않게 하는 것

(예) 그의 정체는 장막에 싸여 있다.

장년

사람이 가장 활발하게 활동하는 서른 살에서 마흔 살 정도의 나이 또는 그 나이의 사람

(예) 삼촌은 장년이 되면서 젊었을 때보다 마음의 안정을 느낀다고 하셨다.

3주

문장으로 확장하기

속담
나막신* 신고 얼음 지치기

걷기도 불편한 나막신을 신고 미끄러운 얼음판을 달린다는 뜻으로, 매우 불편하고 어리석게 일을 하는 장면을 비유적으로 이르는 속담

(예) 나막신 신고 얼음 지치는 것도 아니고, 그렇게 미끄러운 슬리퍼를 신고 어떻게 산을 오르겠다는 거니?

관용어
꽁무니(가) 빠지게

몹시 빨리 도망치거나 달아나는 모습을 비유적으로 이르는 말

(예) 거실에 불이 켜지자, 도둑은 꽁무니가 빠지게 달아났다.

*나막신: 나무를 파서 만든 것으로, 앞뒤에 높은 굽이 있어서 비 오는 날에 신던 옛날 신발

어휘 뜻 확인하기

1 다음 그림을 보고, 빈칸에 들어갈 알맞은 낱말을 보기 에서 찾아 써 보세요.

보기

| 생각 | 정확 | 광경 | 노래 |

산이 온통 눈으로 덮인 [ ](이)가 참 아름답다.

➡ _____

2 '장면'을 잘 사용했으면 ○표, 잘못 사용했으면 ✕표 해 보세요.

(1) 이 영화에서 가족들이 헤어지는 장면은 정말 슬펐어. (　　)
(2) 상자는 보기보다 가벼운 장면이라 쉽게 들 수 있었다. (　　)

3 아래의 문장에서 빈칸에 들어갈 알맞은 말을 찾아 ○표 해 보세요.

(1) 축제가 끝나고 마을은 다시 평화로운 [ ]을 되찾았다. | 연습 | 모습 |
(2) 노을 지는 하늘이 영화 속의 한 [ ]처럼 멋지구나. | 노래 | 장면 |
(3) 민준이는 자신의 [ ] 속에서 하늘을 마음껏 날아다녔다. | 실제 | 상상 |

4 밑줄 친 말을 보기 중 하나로 바꾸어 올바른 문장으로 고쳐 써 보세요.

보기

| 국면 | 장년 | 지금 | 상상 |

경기가 후반에 들어서면서 새로운 장막으로 접어들었다.

➡ _____

1 다음 그림에 어울리는 속담은 무엇인가요? (   )

① 돼지 목에 진주 목걸이

② 나막신 신고 얼음 지치기

③ 칼로 물 베기

④ 잔디밭에서 바늘 찾기

3주

2 형제가 싸우는 장면을 본 엄마가 할 말로 적절한 것을 골라 보세요. (   )

① 열심히 공부하고 있구나.

② 재미있어 보이네. 나도 할래.

③ 싸우지 말고 사이좋게 지내렴.

④ 그만 놀고 이제 정리하자.

3 다음 글의 빈칸에 들어갈 낱말로 알맞은 것을 골라 보세요. (   )

그 연극의 배우들은 ☐☐마다 깊이 있는 연기력을 선보이며 관객들에게 감동을 불러일으켰다. 화려한 무대 장치나 특수 효과는 없었다. 하지만 오히려 이런 점이 관객들로 하여금 배우들의 연기에 더 집중할 수 있게 했고, 쏟아지는 박수와 함께 무대는 막을 내렸다.

① 추측   ② 도구   ③ 장면   ④ 전체

전달

전하는 것
❶ 물건이나 말을 어떤 대상에게 전하는 것
❷ 신호나 자극 등을 다른 곳에 전하는 것

어휘 뜻 익히기

① 위의 그림에서 아이는 어떤 방법으로 민지에게 사과하는 마음을 전달할까요? (   )

① 말로 한다.   ② 친구에게 부탁한다.

③ 좋은 생각을 한다.   ④ 편지를 쓴다.

② '전달'이라는 말이 무슨 뜻일지 짐작해 보고, 알맞은 것에 ○표 해 보세요.

[빌리다]   [전하다]   [받다]   [가지다]   [버리다]

③ 낱말을 따라 쓰고 소리 내어 읽어 보세요.

전	달		전	달			

어휘망으로 확장하기

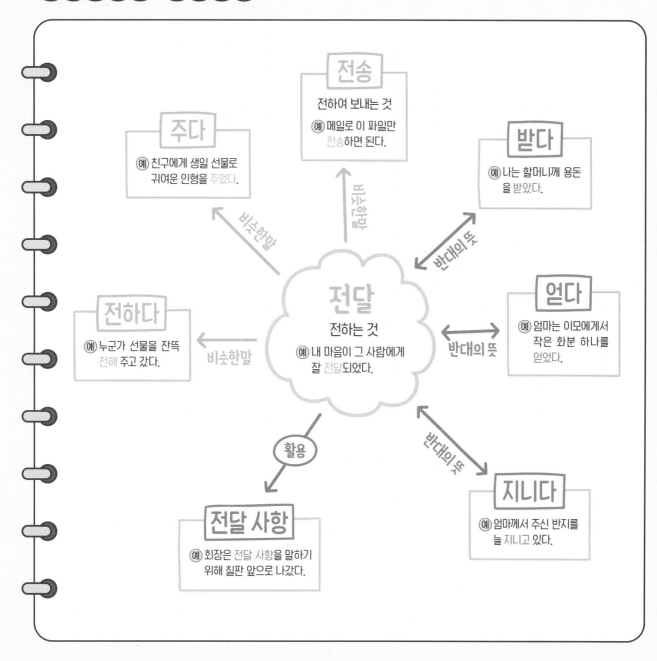

주다
예 친구에게 생일 선물로 귀여운 인형을 주었다.

전송
전하여 보내는 것
예 메일로 이 파일만 전송하면 된다.

받다
예 나는 할머니께 용돈을 받았다.

전하다
예 누군가 선물을 잔뜩 전해 주고 갔다.

전달
전하는 것
예 내 마음이 그 사람에게 잘 전달되었다.

얻다
예 엄마는 이모에게서 작은 화분 하나를 얻었다.

전달 사항
예 회장은 전달 사항을 말하기 위해 칠판 앞으로 나갔다.

지니다
예 엄마께서 주신 반지를 늘 지니고 있다.

비슷한말 / 반대의 뜻 / 활용

3주

사자성어로 확장하기

사자성어
이심전심(以心傳心)

예 너도 떡볶이가 먹고 싶었구나! 이심전심이네.

마음과 마음으로 서로 뜻이 통하고 전달된다는 뜻이에요.

1 다음 그림을 보고, 빈칸에 들어갈 알맞은 낱말을 보기 에서 찾아 써 보세요.

보기

| 전달 | 전시 | 감사 | 실망 |

집배원이 택배를 [   ] 해 주었다.

➡ _____

2 '전달'을 잘 사용했으면 ○표, 잘못 사용했으면 ✕표 해 보세요.

(1) 어제 장학생들에게 장학금이 전달되었다. (   )

(2) 나는 운전면허 시험에 합격해서 면허증을 전달했다. (   )

3 아래의 문장에서 빈칸에 들어갈 알맞은 말을 찾아 ○표 해 보세요.

(1) 메일로 이 파일만 [   ] 하면 된다. | 학습 | 전송 |

(2) 수아에게 생일 선물로 귀여운 인형을 [   ]. | 팔았다 | 주었다 |

(3) 해민이는 심부름을 하고 용돈을 [   ]. | 받았다 | 바꾸었다 |

4 밑줄 친 말을 보기 중 하나로 바꾸어 올바른 문장으로 고쳐 써 보세요.

보기

| 나가고 | 이루고 | 이기고 | 지니고 |

엄마께서 주신 반지를 늘 <u>전하고</u> 있다.

➡ _____

1 '마음과 마음으로 서로 뜻이 통하고 전달된다'는 뜻의 사자성어는 무엇일까요? (   )

① 이심전심(以心傳心)

② 대기만성(大器晩成)

③ 이열치열(以熱治熱)

④ 동상이몽(同牀異夢)

3주

2 다음 그림에서 아이들은 무엇을 하고 있는지 골라 보세요. (   )

메리 크리스마스!

감사합니다.

① 산타할아버지께 혼나고 있다.

② 산타할아버지께 크리스마스 선물을 받고 있다.

③ 친구와 노래를 하고 있다.

④ 친구들과 서로 선물을 주고받고 있다.

3 다음 글의 빈칸에 들어갈 말로 알맞지 <u>않은</u> 것을 골라 보세요. (   )

한양에서 암행어사가 된 이몽룡은 남원의 고향 집으로 향했어요. 그리고 집으로 가던 중 춘향의 편지를 몽룡에게 [   ] 위해 급히 한양으로 가고 있는 하인을 만났지요. 춘향의 편지에는 사또 때문에 자신이 죽을 위기에 처했다고 적혀 있었어요.

① 전달하기   ② 주기   ③ 전하기   ④ 숨기기

정리 | 모으거나 치움

❶ 흐트러지거나 어수선한 상태에 있는 것을 한곳에 모으거나 치움
❷ 종류에 따라 잘 나누거나 모음
❸ 문제가 되거나 필요 없는 것을 줄이거나 없앰

어휘 뜻 익히기

1 위의 그림에서 친구들은 무엇을 하고 있나요? (   )

① 이삿짐 정리   ② 교실 정리   ③ 주방 정리   ④ 도서관 정리

2 '정리'라는 말이 무슨 뜻일지 짐작해 보고, 알맞지 않은 것에 ○표 해 보세요.

한곳에 모으거나 치움   종류에 따라 나눔   필요 없는 것을 없앰   서로 주고받음

3 낱말을 따라 쓰고 소리 내어 읽어 보세요.

정 리   정 리

어휘망으로 확장하기

3주

단장
예 할아버지는 깔끔하게 단장을 하고 나왔다.

정돈
예 깨끗이 정돈된 교실을 보니 마음이 상쾌해졌다.

복잡하다
예 놀이공원 길이 너무 복잡하더라.

갈무리
물건 따위를 잘 정리하거나 지킴 또는 일을 잘 마무리함
예 텃밭에서 수확한 채소를 갈무리했다.

정리
모으거나 치움
예 책상 위를 정리하면 공부도 훨씬 잘된다.

비슷한말 *비슷한말* *반대의 뜻* *비슷한말* *비슷한말* *활용* *반대의 뜻*

어수선하다
사물이 얽히고 뒤섞여 매우 어지럽다
예 방이 너무 어수선하니 좀 치우는 게 어떨까?

마무리
예 마무리 운동까지 끝냈다.

정리 정돈
주변에 흐트러진 것이나 어수선한 것을 한곳에 모으거나, 둘 자리에 가지런히 놓음
예 아빠는 집 안 정리 정돈을 참 잘하신다.

뒤죽박죽
여러 가지가 마구 뒤섞여 엉망이 된 모양 또는 그 상태
예 생각할 것이 많아 머릿속이 뒤죽박죽이야.

문장으로 확장하기

속담
구슬이 서 말이라도 꿰어야 보배*
아무리 훌륭하고 좋은 것이라도 정리하고 쓸모 있게 만들어야 값어치가 있음을 이르는 속담
예 자료는 충분히 모았으니, 이제 보고서를 잘 써 보자. 구슬이 서 말이라도 꿰어야 보배인 거 알지?

관용어
머리를 정리하다
생각으로 복잡한 머릿속을 차분하게 한다는 말
예 뒤죽박죽된 머리를 정리하기 위해 밖으로 나왔다.

*보배: 아주 귀하고 소중한 것

1 다음 그림을 보고, 빈칸에 들어갈 알맞은 낱말을 보기 에서 찾아 써 보세요.

보기

복잡	혼란	정돈	훈련

깨끗이 ☐ 된 교실을 보니 마음이 상쾌해졌다.

➡ _____

2 '정리'를 잘 사용했으면 ○표, 잘못 사용했으면 ✕표 해 보세요.

(1) 책상 위를 정리하면 공부가 훨씬 잘된다. (　　　)

(2) 생각할 것이 많아서 머릿속이 전혀 정리되었어. (　　　)

3 아래의 문장에서 빈칸에 들어갈 알맞은 말을 찾아 ○표 해 보세요.

(1) 할아버지는 깔끔하게 ☐ (을)를 하고 나왔다. [엉망 | 단장]

(2) 텃밭에서 수확한 채소를 ☐ 했다. [갈무리 | 솔직히]

(3) ☐ 으로 섞여 있는 재료 속에서 당근을 골라냈다. [뒤죽박죽 | 뒤뚱뒤뚱]

4 밑줄 친 말을 보기 중 하나로 바꾸어 올바른 문장으로 고쳐 써 보세요.

보기

깨끗하니	어수선하니	나란하니	정리하니

방이 너무 가지런하니 좀 치우는 게 어떨까?

➡ _____

1 다음 그림에 어울리는 속담은 무엇인가요? (   )

① 눈이 보배다

② 구슬이 서 말이라도 꿰어야 보배

③ 티끌 속의 구슬

④ 되로 주고 말로 받는다

2 다음 그림에서 아이가 할 대답으로 가장 적절한 것을 골라 보세요. (   )

① 방학 숙제를 마무리하고 있어요.

② 숙제를 마치고 나면 방학 시작이에요.

③ 내일이 개학이라 방학 계획을 짰어요.

④ 내일이 방학식인가요?

3 다음 글의 빈칸에 들어갈 낱말로 알맞은 것을 골라 보세요. (   )

경남 양산 시립 박물관은 양산의 대표 역사 인물인 양산 이씨 삼장수(三將帥) 집터에서 조선 시대 옛 문서 127점을 발견했다고 밝혔습니다. 박물관 측은 양산 이씨 종손 이근수 씨가 양산시 하북면에 있는 옛집을 〔   〕하다가 따로 보관되어 있던 나무 상자에서 옛 문서를 찾았다고 전했습니다.

① 복잡   ② 생산   ③ 주차   ④ 정리

종류

갈래
❶ 어떤 기준에 따라 일이나 물건을 나누는 갈래
❷ 기준에 따라 나눈 갈래의 수를 세는 단위

어휘 뜻 익히기

① 위의 그림에서 시후는 사탕을 어떻게 고른다는 것일까요? (　　　)

① 무조건 여러 개 　　　　　　② 먹고 싶은 것 딱 한 개만

③ 하나의 종류만 　　　　　　④ 종류별로 한 개씩

② '종류'라는 말이 무슨 뜻일지 짐작해 보고, 알맞은 것에 ○표 해 보세요.

혼합　　　　　　모두　　　　　　갈래　　　　　　전체　　　　　　집합

③ 낱말을 따라 쓰고 소리 내어 읽어 보세요.

종	류	종	류		

어휘망으로 확장하기

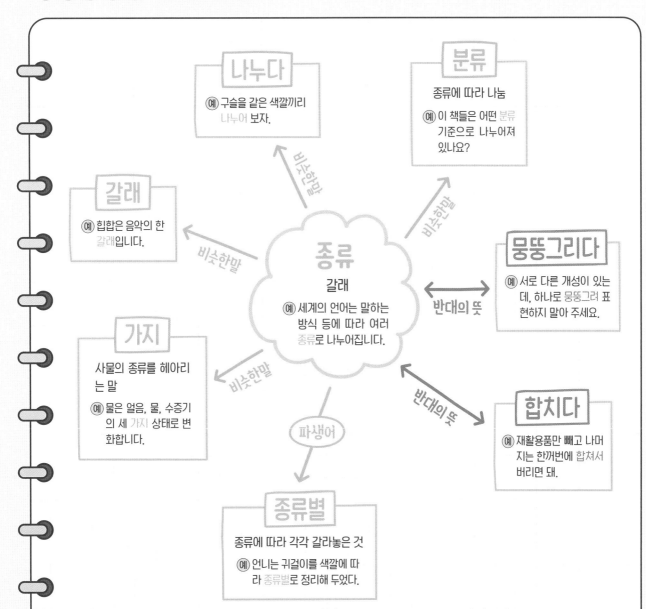

나누다
㉮ 구슬을 같은 색깔끼리 나누어 보자.

분류
종류에 따라 나눔
㉮ 이 책들은 어떤 분류 기준으로 나누어져 있나요?

갈래
㉮ 힙합은 음악의 한 갈래입니다.

비슷한말

비슷한말

비슷한말

종류
갈래
㉮ 세계의 언어는 말하는 방식 등에 따라 여러 종류로 나누어집니다.

뭉뚱그리다
㉮ 서로 다른 개성이 있는 데, 하나로 뭉뚱그려 표현하지 말아 주세요.

반대의 뜻

가지
사물의 종류를 헤아리는 말
㉮ 물은 얼음, 물, 수증기의 세 가지 상태로 변화합니다.

비슷한말

파생어

반대의 뜻

합치다
㉮ 재활용품만 빼고 나머지는 한꺼번에 합쳐서 버리면 돼.

종류별
종류에 따라 각각 갈라놓은 것
㉮ 언니는 귀걸이를 색깔에 따라 종류별로 정리해 두었다.

3주

문장으로 확장하기

속담

떡이 별 떡 있지 사람은 별사람 없다

㉮ 떡이 별 떡 있지 사람은 별사람 없다더라. 그 사람도 그렇게 특별한 사람은 아니야.

떡의 종류는 많으나 사람은 크게 차이가 없다는 속담이에요.

1 다음 그림을 보고, 빈칸에 들어갈 알맞은 낱말을 보기 에서 찾아 써 보세요.

둠칫~
둠칫~

보기

| 갈래 | 장면 | 느낌 | 갈무리 |

힙합은 음악의 한 [   ] 입니다.

➡ _____

2 '종류'를 잘 사용했으면 ○표, 잘못 사용했으면 ×표 해 보세요.

(1) 서로 다른 개성을 하나의 종류별로 표현하지 말아 주세요. (   )

(2) 세계의 언어는 말하는 방식 등에 따라 여러 가지 종류로 나뉩니다. (   )

3 아래의 문장에서 빈칸에 들어갈 알맞은 말을 찾아 ○표 해 보세요.

(1) 이 책들은 어떤 [   ] 기준으로 나누어져 있나요? [종합 | 분류]

(2) 물은 얼음, 물, 수증기의 세 [   ] 상태로 변화합니다. [가지 | 전체]

(3) 구슬을 같은 색깔끼리 [   ] 보자. [나가 | 나누어]

4 밑줄 친 말을 보기 중 하나로 바꾸어 올바른 문장으로 고쳐 써 보세요.

보기

| 버려서 | 합쳐서 | 세워서 | 돌려서 |

줄다리기는 하나로 힘을 <u>나눠서</u> 줄을 당겨야 해.

➡ _____

1 '떡의 종류는 많으나 사람은 크게 차이가 없다'는 뜻의 속담은 무엇일까요? (　　　)

① 보기 좋은 떡이 먹기도 좋다

② 떡이 별 떡 있지 사람은 별사람 없다

③ 누워서 떡 먹기

④ 콩떡같이 말해도 찰떡같이 알아듣다

3
주

2 다음 그림의 옷장에 대한 설명으로 적절한 것을 골라 보세요. (　　　)

휴~, 다 정리했다.

① 옷을 색깔에 따라 종류별로 나누어 정리했다.

② 옷장에 옷을 한꺼번에 몰아 넣었다.

③ 옷을 뭉뚱그려 놓고 정리하지 않았다.

④ 모자를 크기에 따라 종류별로 나누어 정리했다.

3 다음 글의 빈칸에 들어갈 낱말로 알맞은 것을 골라 보세요. (　　　)

우리나라 고유의 옷인 한복은 주로 조선 시대에 입던 옷을 말하며, 요즘에는 평상시보다는 예의를 차려야 하는 자리에서 입습니다. 여자는 저고리에 긴 치마를 입고, 남자는 허리까지 오는 긴 저고리에 넓은 바지를 입습니다. 한복은 남자와 여자뿐만 아니라 성인과 어린이, 계절 등에 따라서도 여러 　　　로 나뉩니다.

① 전체　　　　　② 모두　　　　　③ 제도　　　　　④ 종류

준비

미리 갖춤
미리 마련하여 갖추는 것을 나타내는 말이에요.

어휘 뜻 익히기

① 위의 그림에서 아이는 왜 당황했을까요? (　　　)

① 삼촌이 캠핑을 못 간다고 해서　　　② 토요일에 캠핑하러 가는 줄 몰라서
③ 삼촌이 너무 미리 캠핑 갈 준비를 해서　　④ 캠핑하러 가고 싶어서

② '준비'라는 말이 무슨 뜻일지 짐작해 보고, 알맞은 것에 ○표 해 보세요.

자주 함　　　매일 함　　　미리 갖춤　　　가끔씩 함　　　힘들게 함

③ 낱말을 따라 쓰고 소리 내어 읽어 보세요.

준 비

어휘망으로 확장하기

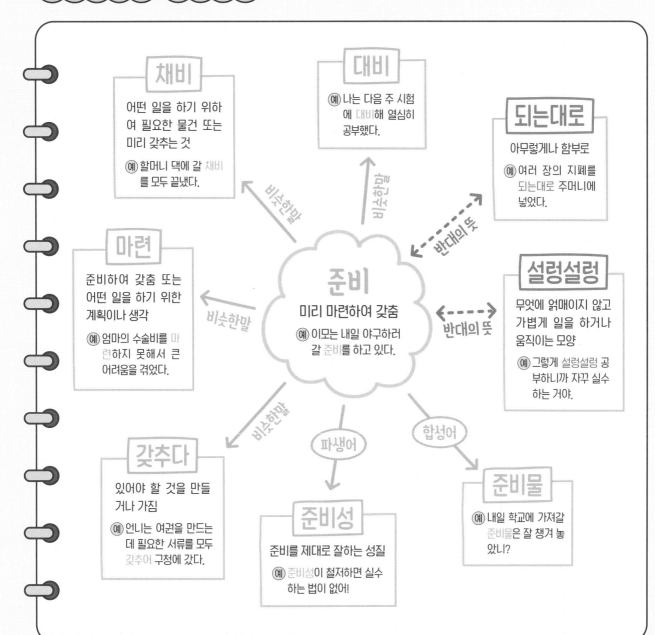

채비
어떤 일을 하기 위하여 필요한 물건 또는 미리 갖추는 것
(예) 할머니 댁에 갈 채비를 모두 끝냈다.

대비
(예) 나는 다음 주 시험에 대비해 열심히 공부했다.

되는대로
아무렇게나 함부로
(예) 여러 장의 지폐를 되는대로 주머니에 넣었다.

마련
준비하여 갖춤 또는 어떤 일을 하기 위한 계획이나 생각
(예) 엄마의 수술비를 마련하지 못해서 큰 어려움을 겪었다.

준비
미리 마련하여 갖춤
(예) 이모는 내일 야구하러 갈 준비를 하고 있다.

설렁설렁
무엇에 얽매이지 않고 가볍게 일을 하거나 움직이는 모양
(예) 그렇게 설렁설렁 공부하니까 자꾸 실수하는 거야.

비슷한말 / 비슷한말 / 비슷한말 / 반대의 뜻 / 반대의 뜻 / 파생어 / 합성어

갖추다
있어야 할 것을 만들거나 가짐
(예) 언니는 여권을 만드는 데 필요한 서류를 모두 갖추어 구청에 갔다.

준비성
준비를 제대로 잘하는 성질
(예) 준비성이 철저하면 실수하는 법이 없어!

준비물
(예) 내일 학교에 가져갈 준비물은 잘 챙겨 놓았니?

3주

문장으로 확장하기

어떤 일에서 좋은 결과를 얻으려면 많은 노력과 준비가 필요하다는 속담이에요.

속담
하늘을 보아야 별을 따지
(예) 하늘을 보아야 별을 따는 건데, 연습에 한 번도 안 나왔으면서 체조 1위를 꿈꾼다고?

1 다음 그림을 보고, 빈칸에 들어갈 알맞은 낱말을 【보기】에서 찾아 써 보세요.

보기

| 갖추어 | 없애고 | 버리고 | 같이 |

언니는 여권을 만드는 데 필요한 서류를 모두

☐ 구청에 갔다.

➡ _____

2 '준비'를 잘 사용했으면 ○표, 잘못 사용했으면 ✕표 해 보세요.

(1) 오늘 우리 집은 설날 음식 준비로 아주 바빠. (   )

(2) 공책을 준비성 있게 내팽개쳤더니, 어디 있는지 찾을 수가 없다. (   )

3 아래의 문장에서 빈칸에 들어갈 알맞은 말을 찾아 ○표 해 보세요.

(1) 할머니 댁에 갈 ☐ 를 끝낸 후, 모두 차에 탔다. | 채비 | 수비 |

(2) 엄마의 수술비를 ☐ 하지 못해서 큰 어려움을 겪었다. | 중요 | 마련 |

(3) 민하는 다음 주 시험에 ☐ 해 열심히 공부했다. | 대비 | 대충 |

4 밑줄 친 말을 【보기】 중 하나로 바꾸어 올바른 문장으로 고쳐 써 보세요.

보기

| 단정하게 | 설렁설렁 | 섬세하게 | 알뜰하게 |

그렇게 꼼꼼하게 공부하니까 자꾸 실수하는 거야.

➡ _____

3주

1 '어떤 일에서 좋은 결과를 얻으려면 많은 노력과 준비가 필요하다'는 뜻의 속담은 무엇일까요?

( )

① 마른하늘에 날벼락

② 하늘 보고 침 뱉기

③ 하늘을 보아야 별을 따지

④ 하늘이 무너져도 솟아날 구멍이 있다

2 다음 그림은 무엇을 준비하고 있는 장면일까요? ( )

① 올림픽 경기

② 저녁 식사

③ 마을 축제

④ 학예 발표회

3 다음 글의 빈란에 들어갈 낱말로 알맞은 것을 골라 보세요. ( )

> 그때였어요. 어디선가 열한 마리의 백조들이 날아오는 게 아니겠어요?
> "오빠들이 왔어!"
> 엘리자는 감옥에서 틈틈이 만들어 미리 [ ] 해 둔 쐐기풀 옷을 백조들에게 힘껏 던졌어요.
> 그러자 모두 씩씩하고 늠름한 왕자들의 모습으로 돌아왔어요.

① 준비   ② 소비   ③ 준수   ④ 신비

확인 학습

1 다음 문장에 들어갈 알맞은 낱말을 보기 에서 찾아 써 보세요.

> **보기**
>
> | 느낌 | 체험 | 경험 | 광경 |

어디로 가야 돌고래들이 물 위로 뛰어오르는 _____을 볼 수 있을까?

2 '정리'를 잘 사용했으면 ○표, 잘못 사용했으면 X표 해 보세요.

(1) 엄마는 겨울옷과 겨울 이불을 정리하며 봄을 준비하셨다. (　　　)
(2) 강아지 두 마리 때문에 깨끗했던 방이 정리되며 어질러졌다. (　　　)

3 아래의 문장에서 빈칸에 들어갈 알맞은 말을 찾아 ○표 해 보세요.

(1) 아이들이 모은 성금은 복지관으로 [　　] 되었다. [이해 | 전달]
(2) 오랜만에 만난 친구에게 내 연락처를 [　　]. [받았다 | 주었다]
(3) 누나는 선생님께 감사의 마음을 담은 편지를 [　　]. [전했다 | 가졌다]

4 밑줄 친 말을 보기 중 하나로 바꾸어 올바른 문장으로 고쳐 써 보세요.

> **보기**
>
> | 되는대로 | 꼼꼼하게 | 재미있게 | 열심히 |

형은 귀찮았는지 성의 없이 <u>준비성 있게</u> 행사를 준비했다.

➡ _____

5 다음 문장의 순서가 바르게 되도록 다시 써 보세요.

> 합쳐서 버리면 돼.　/　재활용품만 빼고　/　나머지는 한꺼번에

➡ _____

종합 문제

 '아무리 훌륭하고 좋은 것이라도 정리하고 쓸모 있게 만들어야 값어치가 있다'는 뜻의 속담은 무엇일까요? (   )

① 도둑이 제 발 저리다

② 말 한마디에 천 냥 빚도 갚는다

③ 두 손뼉이 맞아야 소리가 난다

④ 구슬이 서 말이라도 꿰어야 보배

 음식을 먹는 사람이 요리를 해 준 사람에게 전달할 말로 적절한 것은 무엇일까요?

(   )

① 네가 직접 준비한 음식이라 더 맛있어.

② 시장에는 다양한 재료가 많아.

③ 식당에 사람이 너무 많네.

④ 내가 백화점에서 산 음식들이라 맛있어.

⭐3 다음 글의 빈칸에 들어갈 낱말로 알맞은 것을 골라 보세요. (   )

처음으로 우리나라와 북한이 함께 출전하는 '남아프리카 공화국 월드컵'에서 남북한이 함께 응원하는 ☐☐☐을 볼 수 있을지 많은 국민이 기대하고 있다. 하지만 현실적으로는 이루어지기 어렵다는 쪽에 무게가 실리고 있다. 그래서 남북한 응원단에서는 서울, 평양, 금강산 등지에 모여 대형 스크린을 통해 경기를 보면서 공동 응원을 하자는 의견도 나오고 있다.

① 기본   ② 감격   ③ 장면   ④ 가상

중요

귀중하고 쓸모 있는 것
매우 귀중하고 쓸모 있는 것을 나타낼 때 써요.

정민아, 뭐 하는 거야?

중요한 부분에 밑줄을 치면서 책을 읽고 있어.

응?

아이고, 그러다가 모든 글에 밑줄 치겠는걸?

아….

아하하. 모두 중요해 보여서….

어휘 뜻 익히기

1 위의 그림에서 정민이는 무엇을 하고 있나요? (   )

① 밑줄을 긋지 않고 책을 읽고 있다.   ② 형과 함께 책을 읽는다.
③ 중요한 부분에 밑줄을 치며 책을 읽는다.   ④ 검은 줄이 쳐진 책을 읽는다.

2 '중요'라는 말이 무슨 뜻일지 짐작해 보고, 알맞은 것에 ○표 해 보세요.

무시하다   하찮다   귀중하다   쓸데없다

3 낱말을 따라 쓰고 소리 내어 읽어 보세요.

중	요	중	요				

어휘망으로 확장하기

핵심
사물의 가장 중심이 되거나 중요한 부분
(예) 민호는 내 질문의 핵심을 이해하지 못하고 엉뚱한 대답만 했다.

주요
중심이 되고 중요함
(예) 우리 회사의 주요 고객은 30대 여성입니다.

무시
중요하지 않게 생각함
(예) 오빠는 안전 요원의 말을 무시했다가 큰 사고를 당할 뻔했다.

중심
중요하고 기본이 되는 부분
(예) 저는 이 모임에서 중심 역할을 맡고 있습니다.

중요
귀중하고 쓸모 있는 것
(예) 가을 운동회는 우리 학교의 중요한 행사다.

쓸데없다
물건, 생각 등이 쓸 만한 가치가 없거나 도움이 될 것이 없다
(예) 쓸데없는 생각은 그만하고 수업에 집중해야겠다.

비슷한말 / 반대의 뜻 / 합성어 / 파생어

중요도
(예) 한국에서 쌀은 중요도가 가장 높은 곡식이다.

중요성
(예) 몸이 아프고 난 다음에야 건강의 중요성을 깨달았다.

4주

문장으로 확장하기

속담 달걀로 치면 노른자다
(예) 오늘 행사에서는 지금이 제일 중요해! 달걀로 치면 노른자니까 잘 들어 보자.

가장 중요한 부분을 표현할 때 쓰는 속담이에요.

1 다음 그림을 보고, 빈칸에 들어갈 알맞은 낱말을 보기 에서 찾아 써 보세요.

보기

주요	종종	가끔씩	자주

가을 운동회는 우리 학교의 [　　　] 행사 중 하나이다.

➡ _____

2 '중요'를 잘 사용했으면 ○표, 잘못 사용했으면 ✕표 해 보세요.

(1) 중요한 생각하지 말고 수업에 집중해야겠다. (　　)
(2) 건강을 중요하게 생각하시는 아빠는 매일 운동하신다. (　　)

3 아래의 문장에서 빈칸에 들어갈 알맞은 말을 찾아 ○표 해 보세요.

(1) 나는 이 모임에서 [　　] 역할을 맡고 있다. | 중심 | 소심 |

(2) 우리 회사의 [　　] 고객은 30대 여성입니다. | 주요 | 별로 |

(3) 민호는 내 질문의 [　　]을 이해하지 못하고 엉뚱한 대답만 했다. | 욕심 | 핵심 |

4 밑줄 친 말을 보기 중 하나로 바꾸어 올바른 문장으로 고쳐 써 보세요.

보기

필요시	집중	무시	귀담아

오빠는 안전 요원의 말을 <u>중요시</u>했다가 큰 사고를 당할 뻔했다.

➡ _____

1 다음 그림에 어울리는 속담은 무엇인가요? (   )

이 부분이 제일 중요하니까 집중해서 공부해야 해.

① 달걀로 바위 치기
② 달걀로 치면 노른자다
③ 말로는 못 할 말이 없다
④ 빈 수레가 요란하다

2 아이가 길을 건널 때 지켜야 할 중요한 점이 <u>아닌</u> 것을 골라 보세요. (   )

① 손을 높이 들고 운전자에게 길을 건너겠다는 표시를 한다.
② 횡단보도 신호등이 초록 불일 때 건너야 한다.
③ 길을 건너기 전 주변을 살피고, 뛰지 않는다.
④ 아무 곳에서나 빠르게 길을 건넌다.

3 다음 글의 빈칸에 들어갈 낱말로 알맞은 것을 골라 보세요. (   )

헬렌 켈러는 앞이 보이지 않고 귀도 들리지 않았지만, 세상과 소통하려 했습니다. 신체적으로 여러 불편함이 있어도 포기하지 않고 계속 도전하는 과정을 [   ]하게 여겼지요. 헬렌 켈러는 장애인, 여성, 흑인, 노동자 등 우리 사회에서 어려운 상황에 있는 사람들을 위한 사회 운동을 적극적으로 펼쳤습니다.

① 중요   ② 무시   ③ 시시   ④ 시작

4주

차이

다름
서로 같지 않고 다름. 또는 서로 다른 정도를 나타낼 때 써요.

어휘 뜻 익히기

1 위의 그림에서 아이는 3년 동안 어떤 차이가 생겼나요? (   )

① 어른이 되었다.   ② 안경을 쓰게 됐다.   ③ 키가 많이 자랐다.   ④ 성적이 올랐다.

2 '차이'라는 말이 무슨 뜻일지 짐작해 보고, 알맞은 것에 ○표 해 보세요.

| 같음 | | 다름 | | 닮음 | | 맞춤 | | 공통 |

3 낱말을 따라 쓰고 소리 내어 읽어 보세요.

| 차 | 이 | | | | | | |

어휘망으로 확장하기

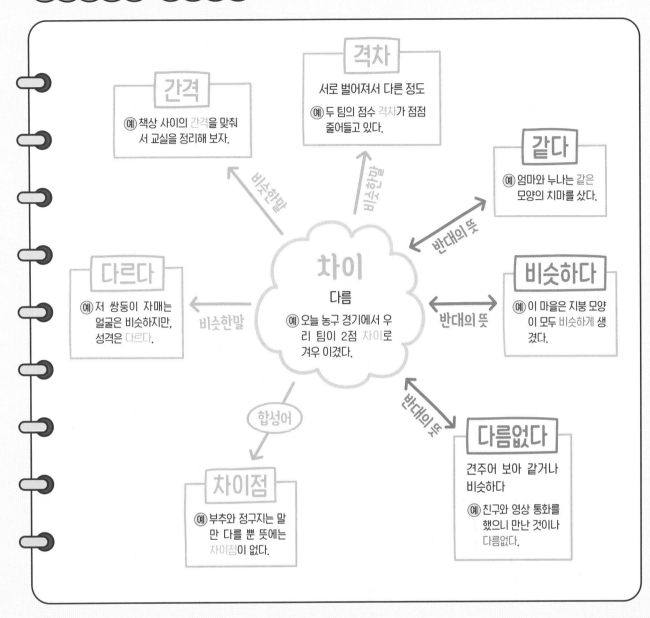

격차
서로 벌어져서 다른 정도
(예) 두 팀의 점수 격차가 점점 줄어들고 있다.

간격
(예) 책상 사이의 간격을 맞춰서 교실을 정리해 보자.

같다
(예) 엄마와 누나는 같은 모양의 치마를 샀다.

다르다
(예) 저 쌍둥이 자매는 얼굴은 비슷하지만, 성격은 다르다.

차이
다름
(예) 오늘 농구 경기에서 우리 팀이 2점 차이로 겨우 이겼다.

비슷하다
(예) 이 마을은 지붕 모양이 모두 비슷하게 생겼다.

다름없다
견주어 보아 같거나 비슷하다
(예) 친구와 영상 통화를 했으니 만난 것이나 다름없다.

차이점
(예) 부추와 정구지는 말만 다를 뿐 뜻에는 차이점이 없다.

비슷한말 · 비슷한말 · 반대의 뜻 · 반대의 뜻 · 반대의 뜻 · 비슷한말 · 합성어

4주

문장으로 확장하기

속담
도토리 키 재기

정도가 고만고만한 사람끼리 다투는 경우나 비슷하고 차이가 없어 견주어 볼 필요가 없는 경우에 쓰는 속담
(예) 송화와 하림이는 서로 자기가 만든 눈사람이 더 크다고 도토리 키 재기를 하고 있었다.

관용어
종이 한 장 차이

사물의 간격이나 틈이 매우 작음을 이르는 말
(예) 똥이 든 깡통이 예술 작품이라고? 예술과 쓰레기는 종이 한 장 차이라더니 놀랍군.

① 다음 그림을 보고, 빈칸에 들어갈 알맞은 낱말을 보기 에서 찾아 써 보세요.

보기

| 일정 | 준비 | 계획 | 간격 |

책상 사이의 ◯ (을)를 맞춰서 교실을 정리해 보자.

➡ _____

② '차이'를 잘 사용했으면 ○표, 잘못 사용했으면 ✕표 해 보세요.

(1) 오늘 농구 경기에서 우리 팀이 2점 차이로 겨우 이겼다. (   )

(2) 두 아이는 같은 해에 태어나서 나이 차이가 크다. (   )

③ 아래의 문장에서 빈칸에 들어갈 알맞은 말을 찾아 ○표 해 보세요.

(1) 두 팀의 점수 ◯ 가 점점 줄어들고 있다. [격리 | 격차]

(2) 저 쌍둥이 자매는 얼굴은 비슷하지만, 성격은 ◯. [다르다 | 적다]

(3) 나는 올해에도 민규와 ◯ 반이 되었다. [같은 | 친한]

④ 밑줄 친 말을 보기 중 하나로 바꾸어 올바른 문장으로 고쳐 써 보세요.

보기

| 다름없다 | 맞다 | 틀리다 | 적다 |

기쁜 일이나 슬픈 일이나 항상 함께한 친구들은 거의 가족과 <u>다르다</u>.

➡ _____
_____

1 다음 그림에 어울리는 속담은 무엇인가요? (   )

① 배보다 배꼽이 더 크다
② 달면 삼키고 쓰면 뱉는다
③ 호랑이도 제 말하면 온다
④ 도토리 키 재기

4주

2 시험 결과를 본 뒤, 아이에게 할 말로 가장 적절한 것을 골라 보세요. (   )

① 수학을 잘하는구나.
② 과목별 점수 차이가 크게 나는구나.
③ 과목별 점수가 같구나.
④ 내일이 시험이니까 공부는 그만해.

3 다음 글의 빈칸에 들어갈 낱말로 알맞은 것을 골라 보세요. (   )

여우는 황새를 집으로 초대해서 수프를 대접했어요. 납작한 그릇에 담긴 수프를 여우는 혀로 할짝할짝 맛있게 먹었지요. 하지만 황새는 긴 부리를 가지고 있어서 수프를 먹을 수 없었어요. '여우가 나를 놀리려는 것이구나. 우리의 입 모양이 [   ]가 난다는 것을 영리한 여우가 모를 리 없을 텐데!'

① 유사   ② 차이   ③ 문제   ④ 정리

표현 | 겉으로 드러내는 것

느낌이나 생각 등을 말, 글, 몸짓을 통해 겉으로 드러내는 것을 뜻해요.

어휘 뜻 익히기

1 위의 그림에서 아이들은 무엇을 표현하고 싶은 것일까요? (   )

① 친구와의 우정　　　　　　　② 선생님이 싫은 마음
③ 학교가 불편한 마음　　　　　④ 선생님에 대한 감사의 마음

2 '표현'이라는 말이 무슨 뜻일지 짐작해 보고, 알맞은 것에 ○표 해 보세요.

드러냄　　　　감춤　　　　숨김　　　　비밀　　　　속마음

3 낱말을 따라 쓰고 소리 내어 읽어 보세요.

표	현							

어휘망으로 확장하기

묘사
어떤 사물이나 일어난 일 등을 언어 또는 그림으로 나타내는 것
(예) 그림 속 개구리는 마치 살아 움직이는 듯 묘사되어 있다.

표시
태도나 생각을 겉으로 드러냄
(예) 수호가 자주 연락을 하는 것은 관심의 표시였다.

드러나다
(예) 흥얼거리는 콧노래에서 엄마의 즐거운 마음이 그대로 드러났다.

표현
겉으로 드러내는 것
(예) 우리는 부모님께 감사의 마음을 표현하기 위해 작은 선물을 마련했다.

감추다
(예) 속마음을 감추면 아무도 네 생각을 알 수 없단다.

표출
겉으로 나타냄
(예) 감정을 느낀 그대로 표출하는 것은 바람직하지 않다.

숨기다
(예) 계속 사실을 숨긴다면 사람들이 너를 오해할 거야.

표현력
생각, 느낌을 언어나 몸짓 등으로 나타내는 능력
(예) 그의 풍부한 표현력에 관객들은 모두 감탄했다.

비슷한말 / 반대의 뜻 / 파생어

4주

문장으로 확장하기

속담
우는 애도 속이 있어 운다

(예) 우는 애도 속이 있어 운다고, 형이 동생을 잘 챙기는 걸 보니 동생을 많이 아끼는구나!

아무런 이유 없이 우는 아이가 없다는 뜻으로, 겉으로 나타난 행동은 속에 품은 뜻을 표현하는 것이라는 속담이에요.

어휘 뜻 확인하기

1 다음 그림을 보고, 빈칸에 들어갈 알맞은 낱말을 보기 에서 찾아 써 보세요.

엄마 기분이 좋으신가 보다.

보기

| 감추었다 | 숨겼다 | 드러났다 | 말했다 |

흥얼거리는 콧노래에서 엄마의 즐거운 마음이 그대로 [   ].

➡ _____

2 '표현'을 잘 사용했으면 ○표, 잘못 사용했으면 ✕표 해 보세요.

(1) 이 시는 어머니에 대한 그리움을 표현하였다. (   )
(2) 가방을 어디에 표현했는지 찾을 수가 없다. (   )

3 아래의 문장에서 빈칸에 들어갈 알맞은 말을 찾아 ○표 해 보세요.

(1) 수호가 자주 연락을 하는 것은 관심의 [   ]였다. 표시 | 무시
(2) 그림 속 개구리는 마치 살아 움직이는 듯 [   ]되어 있다. 묘사 | 준비
(3) 계속 사실을 [   ] 사람들이 너를 오해할 거야. 숨긴다면 | 이해한다면

4 밑줄 친 말을 보기 중 하나로 바꾸어 올바른 문장으로 고쳐 써 보세요.

보기

| 말하면 | 드러내면 | 감추면 | 표시하면 |

속마음을 <u>보여 주면</u> 아무도 네 생각을 알 수 없단다.

➡ _____

84

1 다음 그림처럼 '겉으로 나타난 행동은 속에 품은 뜻을 표현한다'는 속담은 무엇일까요? (   )

멋진 내 동생, 생일 축하해.

고마워, 형은 매번 나를 챙겨 주네!

① 우는 애도 속이 있어 운다
② 빈 수레가 요란하다
③ 같은 손가락에도 길고 짧은 것이 있다
④ 하나만 알고 둘은 모른다

2 유학 간 사촌 언니에게 그리운 마음을 담아 편지를 쓰려고 해요. 어떻게 표현하면 좋을까요?
(   )

① 누구에게 쓰는지 모르겠다.
② 유학을 가지 않은 언니가 부끄럽다.
③ 언니가 정말 많이 보고 싶다.
④ 편지를 쓰기 싫다.

3 다음 글의 빈칸에 들어갈 낱말로 알맞은 것을 골라 보세요. (   )

> 세계적으로 사랑받는 화가 중 한 명인 고흐의 그림은 밝고 강렬한 색채, 대담하고 거친 붓질이 특징입니다. 그림에 물감을 두껍게 칠해서 울퉁불퉁하게 입체적인 느낌으로 [   ]한 방식은 당시 고흐만이 가지고 있는 독특한 기법이었습니다. 그래서 그의 그림은 더욱 생동감이 넘칩니다.

① 생각   ② 표현   ③ 간단   ④ 간편

필요 | 반드시 있어야 하는 것

물건이나 사람 등 반드시 있어야 하는 것을 뜻해요.

어휘 뜻 익히기

1 위의 그림에서 고양이를 위해 가장 필요하다고 생각하는 것은 무엇인가요? (   )

① 가족으로 여기는 마음가짐   ② 다른 고양이   ③ 아주 넓은 집   ④ 비싼 사료

2 '필요'라는 말이 무슨 뜻일지 짐작해 보고, 알맞은 것에 ○표 해 보세요.

반드시 있어야 하는 것   없어도 되는 것   있으나마나 한 것   있으면 싫은 것

3 낱말을 따라 쓰고 소리 내어 읽어 보세요.

필	요		필	요						

어휘망으로 확장하기

쓸모
(예) 이 그릇은 크기가 적당해서 여기저기 쓸모가 많다.

필수
(예) 여름에는 햇볕이 뜨거우니 모자를 필수로 써야 해.

불필요
(예) 시간이 없으니 불필요한 일을 줄이자.

비슷한말

비슷한말

필요
반드시 있어야 하는 것
(예) 식물이 잘 자라기 위해서는 적당한 햇빛과 물이 필요하다.

반대의 뜻

쓸데없다
물건, 생각 등이 쓸 만한 가치가 없거나 도움될 것이 없다.
(예) 왜 쓸데없는 소리를 해서 다툼을 만드니?

요긴하다
꼭 필요하고 중요하다
(예) 부채는 여름에 땀을 식혀 주는 요긴한 물건이다.

비슷한말

반대의 뜻

반대의 뜻

파생어

필요성
(예) 이 다큐멘터리는 환경 보호의 필요성을 말하고 있다.

쓸모없다
쓸 만한 가치가 없다
(예) 이 의자는 다리가 부서져서 더 이상 쓸모없게 되었다.

4주

문장으로 확장하기

속담 거미도 줄을 쳐야 벌레를 잡는다
무슨 일이든지 필요한 준비를 해야 그 결과를 얻을 수 있다는 뜻의 속담
(예) 거미도 줄을 쳐야 벌레를 잡는 건데, 그렇게 훈련을 게을리하고도 좋은 결과를 바라는 거니?

관용어 두말할 필요(가) 없다
너무나 분명해서 구태여 더 설명하고, 말을 더할 이유가 없다는 말
(예) 이 문제의 정답이 3번인 건 두말할 필요가 없어.

1 다음 그림을 보고, 빈칸에 들어갈 알맞은 낱말을 **보기** 에서 찾아 써 보세요.

보기

| 굳이 | 불필요하게 | 필수로 | 어쩌다 |

여름에는 햇볕이 뜨거우니 모자를 [   ]
써야 해.

➡ _____

2 '필요'를 잘 사용했으면 ○표, 잘못 사용했으면 ✕표 해 보세요.

(1) 시간이 없으니 필요한 일은 하지 말자. (   )
(2) 모르는 길을 갈 때는 지도가 필요하다. (   )

3 아래의 문장에서 빈칸에 들어갈 알맞은 말을 찾아 ○표 해 보세요.

(1) 식물이 잘 자라기 위해서는 적당한 햇빛과 물이 [   ] 하다. | 충분 | 필요 |

(2) 아무리 좋은 재능을 가졌어도 노력하지 않으면 [   ] 가 없어. | 쓸모 | 불필요 |

(3) 왜 [   ] 소리를 해서 불필요한 다툼을 만드니? | 쓸데없는 | 중요한 |

4 밑줄 친 말을 **보기** 중 하나로 바꾸어 올바른 문장으로 고쳐 써 보세요.

보기

| 다양하게 | 쓸모없게 | 요긴하게 | 이용하게 |

이 의자는 다리가 부서져서 더는 <u>필요하게</u> 되었다.

➡ _____

1 다음 그림에 어울리는 속담은 무엇인가요? (   )

열심히 운동하더니, 드디어 결실을 맺었네!

① 목마른 사람이 우물 판다
② 거미도 줄을 쳐야 벌레를 잡는다
③ 낮말은 새가 듣고 밤말은 쥐가 듣는다
④ 고래 싸움에 새우 등 터진다

4주

2 다음 그림에서 요리사에게 지금 필요한 것을 골라 보세요. (   )

음~, 좀 싱거운데?

① 설탕
② 소금
③ 참기름
④ 식용유

3 다음 글의 빈칸에 들어갈 낱말로 알맞은 것을 골라 보세요. (   )

죽기를 각오하고 싸우면 반드시 살 것이고, 살고자 하면 죽을 것이다! 나, 이순신이 있는 한 아무도 조선을 넘보지 못한다. 지금 우리에게 [   ] 한 것은 조선을 지키겠다는 굳은 용기와 하나된 마음이다. 두려워하지 말아라. 죽을힘을 다해 싸운다면 반드시 이길 것이다.

① 사용   ② 요구   ③ 필요   ④ 정확

해당

바로 그것
❶ 무엇에 관계되는 바로 그것
❷ 어떤 범위나 조건 등에 바로 들어맞음

어휘 뜻 익히기

1 위의 그림에 해당하는 설명은 무엇일까요? (　　　)

① 진수가 푸는 문제의 답이 두 개다.　　　　② 진수가 문제의 답을 맞혔다.

③ 진수는 문제를 풀지 않았다.　　　　④ 진수가 푸는 문제의 답은 하나밖에 없다.

2 '해당'이라는 말이 무슨 뜻일지 짐작해 보고, 알맞은 것에 ○표 해 보세요.

여러 개　　　　　바로 그것　　　　　이것저것　　　　모두

3 낱말을 따라 쓰고 소리 내어 읽어 보세요.

해 당　　해 당

어휘망으로 확장하기

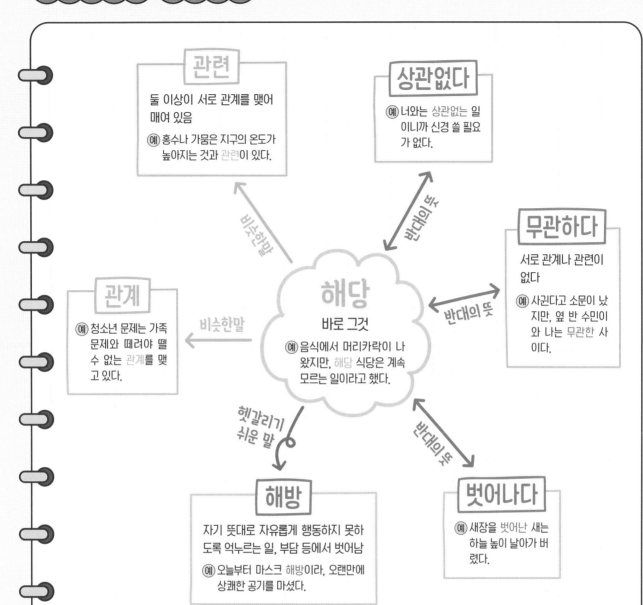

관련

둘 이상이 서로 관계를 맺어 매여 있음

예 홍수나 가뭄은 지구의 온도가 높아지는 것과 관련이 있다.

상관없다

예 너와는 상관없는 일 이니까 신경 쓸 필요 가 없다.

무관하다

서로 관계나 관련이 없다

예 사귄다고 소문이 났 지만, 옆 반 수민이 와 나는 무관한 사 이다.

해당
바로 그것

예 음식에서 머리카락이 나 왔지만, 해당 식당은 계속 모르는 일이라고 했다.

비슷한말

반대의 뜻

반대의 뜻

관계

예 청소년 문제는 가족 문제와 떼려야 뗄 수 없는 관계를 맺 고 있다.

비슷한말

헷갈리기 쉬운 말

반대의 뜻

해방

자기 뜻대로 자유롭게 행동하지 못하 도록 억누르는 일, 부담 등에서 벗어남

예 오늘부터 마스크 해방이라, 오랜만에 상쾌한 공기를 마셨다.

벗어나다

예 새장을 벗어난 새는 하늘 높이 날아가 버 렸다.

4
주

문장으로 확장하기

속담
하나를 보고 열을 안다

예 하나를 보고 열을 안다고, 된장찌개가 맛있는 걸 보니 이 집 음식은 모두 맛있을 거야.

일부만 보고도 해당하는 물건이나 상황의 전체를 미루어 알 수 있다는 속담이에요.

1 다음 그림을 보고, 빈칸에 들어갈 알맞은 낱말을 보기 에서 찾아 써 보세요.

아~ 더워!

보기

| 관련 | 무관 | 개발 | 관심 |

홍수나 가뭄은 지구의 온도가 높아지는 것과 [ ]이 있다.

➡ _____

2 '해당'을 잘 사용했으면 ○표, 잘못 사용했으면 ✕표 해 보세요.

(1) 나는 매년 그 해에 해당하는 동물이 그려진 엽서를 산다. (   )

(2) 너와는 해당하는 일이니까 신경 쓸 필요가 없다. (   )

3 아래의 문장에서 빈칸에 들어갈 알맞은 말을 찾아 ○표 해 보세요.

(1) 청소년 문제는 가족 문제와 떼려야 뗄 수 없는 [ ]이다. | 관계 | 무관심 |

(2) 사귄다고 소문이 났지만, 옆 반 수민이와 나는 [ ]한 사이다. | 무시 | 무관 |

(3) 지수는 [ ] 기관에 찾아가 필요한 서류를 발급받았다. | 상당 | 해당 |

4 밑줄 친 말을 보기 중 하나로 바꾸어 올바른 문장으로 고쳐 써 보세요.

보기

| 관련되게 | 벗어나 | 해당되는 | 관계되어 |

범인은 경찰의 예상을 <u>맞게</u> 전혀 다른 나라로 도망쳤다.

➡ _____

1 '일부만 보고도 해당하는 물건이나 상황의 전체를 미루어 알 수 있다'는 뜻의 속담은 무엇일까요?

(   )

① 하나를 보고 열을 안다

② 쌀 독에 거미줄 친다

③ 피는 물보다 진하다

④ 하나만 알고 둘은 모른다

4주

2 아빠의 표정을 보고, 아빠가 아이에게 할 말에 해당하는 것을 골라 보세요. (   )

위험한데….

① 자전거를 아주 잘 타네!

② 보호 장비도 없이 자전거를 타면 안 돼.

③ 자전거보다 보드를 타는 게 더 재미있나 보구나.

④ 자전거를 좀 빌려다오.

3 다음 글의 빈칸에 들어갈 낱말로 알맞은 것을 골라 보세요. (   )

> 한글을 배울 때 보통 처음에는 받침이 없는 글자부터 읽기 시작해 받침이 있는 글자를 읽게 됩니다. 이때 받침이 없는 글자를 잘 읽었던 아이도 받침이 있는 글자는 어려워하는 경우가 많습니다. 그럴 때는 우리 주변에서 쉽게 접하는 단어에 [   ]하는 낱말부터 읽기 시작하는 게 좋습니다.

① 해당   ② 담당   ③ 결정   ④ 고정

확인 학습

1 다음 문장에 들어갈 알맞은 낱말을 보기 에서 찾아 써 보세요.

> **보기**
>
> 느낌   기억   표현   상상

희수가 너에게 _____은 안 해도 마음속으로 고마워하고 있을 거야.

2 '필요'를 잘 사용했으면 ○표, 잘못 사용했으면 ✕표 해 보세요.

(1) 필요 없는 물건은 빼고 가방을 가볍게 만들었다. (　　　)
(2) 망가진 이 식탁은 아무짝에도 필요하다. (　　　)

3 아래의 문장에서 빈칸에 들어갈 알맞은 말을 찾아 ○표 해 보세요.

(1) 작년에 우수 선수였던 최영미 선수는 우리 팀의 [　　] 이다. [정리 | 핵심]
(2) 건강을 위해서는 평소 식습관이 [　　] 하다. [중요 | 상관]
(3) 그 차는 신호등을 [　　] 하고 무조건 달리다가 사고가 났다. [무시 | 필요]

4 밑줄 친 말을 보기 중 하나로 바꾸어 올바른 문장으로 고쳐 써 보세요.

> **보기**
>
> 관련 있는   무관한   관계없는   차이 없는

나는 숙제를 하려고 도서관에서 <u>상관없는</u> 책을 찾아보았다.

➡ _____

5 다음 문장의 순서가 바르게 되도록 다시 써 보세요.

> 다투기 / 의견 차이를 / 시작했다. / 우리는 / 좁히지 못해

➡ _____

종합 문제

1 다음 그림에 해당하는 속담은 무엇일까요? (   )

제목: 인절미

맛있겠다~

① 미운 아이 떡 하나 더 준다
② 누워서 떡 먹기
③ 그림의 떡
④ 굿이나 보고 떡이나 먹지

2 두 아이에 대한 설명으로 적절한 것을 골라 보세요. (   )

2학년 1반

2학년 1반

① 축구는 역시 좋은 운동이야.
② 같은 학년이지만, 키가 차이 나는구나.
③ 2학년 3반 선생님은 누구실까?
④ 6학년부터는 공부를 열심히 해야 해.

3 다음 글의 빈칸에 들어갈 낱말로 알맞은 것을 골라 보세요. (   )

> 흔히들 무조건 걷는 것이 좋다고 생각한다. 하지만 얼마나 많이 걸었는지 숫자를 채우는 것보다 바른 자세로, 매일 꾸준히 걷는 것이 가장 [   ]하다. 아무렇게나 비뚤어진 자세로 무작정 걷기만 한다면, 내 몸은 오히려 안 좋은 영향을 받을 수 있기 때문이다.

① 무시   ② 외면   ③ 충분   ④ 중요

4주

정답

1주 1일

8쪽 1. ③ 2. 미리 정하다 **10쪽** 1. 생각 2. ○, X 3. 예정, 계획, 작정 4. <u>무턱대고</u> 들어간 식당이 뜻밖의 맛집이었다. **11쪽** 1. ③ 2. ③ 3. ④

1주 2일

12쪽 1. ④ 2. 지키기로 정한 것 **14쪽** 1. 규칙적 2. X, ○ 3. 방식, 질서, 규칙 4. 듣는 사람 기분은 생각하지 않고 <u>멋대로</u> 말하는 것은 나쁜 버릇이다. **15쪽** 1. ① 2. ③ 3. ③

1주 3일

16쪽 1. ④ 2. 잘하는 것 **18쪽** 1. 문제 2. X, ○ 3. 문제, 말썽거리, 골칫거리 4. 황소윤 씨의 <u>뛰어난</u> 기타 연주는 공연에서 큰 박수를 받았습니다. **19쪽** 1. ② 2. ① 3. ④

1주 4일

20쪽 1. ② 2. 전체 중 하나 **22쪽** 1. 일부분 2. ○, X 3. 일부분, 가닥, 귀퉁이 4. 팀원 <u>전체</u>가 모두 힘을 모아 우승이라는 목표를 향해 열심히 뛰었다. **23쪽** 1. ① 2. ① 3. ②

1주 5일

24쪽 1. ④ 2. 실제 **26쪽** 1. 정말 2. X, ○ 3. 진실, 진짜, 거짓 4. 네 말은 모두 <u>엉터리</u>라서 믿을 수가 없다. **27쪽** 1. ② 2. ③ 3. ②

확인 학습

28쪽 1. 부분 2. ○, X 3. 정말, 사실, 엉터리 4. 이번 방학에는 강원도로 갈 <u>계획</u>이야. 5. 언니는 고장 난 스마트폰의 문제점을 찾았다.

종합 문제

29쪽 1. ③ 2. ④ 3. ②

2주 1일

30쪽 1. ② 2. 갈등하다 **32쪽** 1. 뽑았다 2. ○, X 3. 선정, 고르기, 뽑았다 4. 나는 결정을 쉽게 못 하는 편이라 자주 갈등에 빠진다. **33쪽** 1. ① 2. ② 3. ③

2주 2일

34쪽 1. ④ 2. 어렵게 말하는 것 **36쪽** 1. 해설 2. ○, X 3. 이야기, 서술, 생략 4. 필요 없는 말은 생략하고 요점만 이야기해 봐. **37쪽** 1. ③ 2. ① 3. ②

2주 3일

38쪽 1. ④ 2. 원래 가지고 있는 것 **40쪽** 1. 성질 2. X, ○ 3. 근본, 바탕, 형식 4. 할머니의 시계는 둥근 꼴이고 하얀색이에요. **41쪽** 1. ④ 2. ④ 3. ③

2주 4일

42쪽 1. ② 2. 알리다 **44쪽** 1. 안내 2. X, ○ 3. 해설, 비밀, 설명 4. 지우는 아무도 모르게 질투가 나는 마음을 감추고, 형을 축하해 주었다. **45쪽** 1. ③ 2. ② 3. ①

2주 5일

46쪽 1. ① 2. 알다 **48쪽** 1. 깨달았다 2. X, ○ 3. 납득, 알았다, 파악 4. 그 수학 문제는 너무 어려워서 푸는 데 오래 걸렸다. **49쪽** 1. ② 2. ③ 3. ④

확인 학습

50쪽 1. 소개 2. ○, X 3. 설명, 해설, 이야기 4. 너무 바빠서 약속을 못 지켰어요. 한 번만 이해해 주세요. 5. 자석은 같은 극끼리 밀어내는 성질이 있다.

종합 문제

51쪽 1. ④ 2. ② 3. ④

3주 1일

52쪽 1. ① 2. 생각만 하는 것 **54쪽** 1. 광경 2. ○, X 3. 모습, 장면, 상상 4. 경기가 후반에 들어서면서 새로운 국면으로 접어들었다. **55쪽** 1. ② 2. ③ 3. ③

3주 2일

56쪽 1. ④ 2. 전하다 **58쪽** 1. 전달 2. ○, X 3. 전송, 주었다, 받았다 4. 엄마께서 주신 반지를 늘 지니고 있다. **59쪽** 1. ① 2. ② 3. ④

3주 3일

60쪽 1. ① 2. 서로 주고받음 **62쪽** 1. 정돈 2. ○, X 3. 단장, 갈무리, 뒤죽박죽 4. 방이 너무 어수선하니 좀 치우는 게 어떨까? **63쪽** 1. ② 2. ① 3. ④

3주 4일

64쪽 1. ④ 2. 갈래 **66쪽** 1. 갈래 2. X, ○ 3. 분류, 가지, 나누어 4. 줄다리기는 하나로 힘을 합쳐서 줄을 당겨야 해. **67쪽** 1. ② 2. ① 3. ④

3주 5일

68쪽 1. ③ 2. 미리 갖춤 **70쪽** 1. 갖추어 2. ○, X 3. 채비, 마련, 대비 4. 그렇게 설렁설렁 공부하니까 자꾸 실수하는 거야. **71쪽** 1. ③ 2. ① 3. ①

확인 학습

72쪽 1. 광경 2. ○, X 3. 전달, 주었다, 전했다 4. 형은 귀찮았는지 성의 없이 되는대로 행사를 준비했다. 5. 재활용품만 빼고 나머지는 한꺼번에 합쳐서 버리면 돼.

종합 문제

73쪽 1. ④ 2. ① 3. ③

4주 1일

74쪽 1. ③ 2. 귀중하다 **76쪽** 1. 주요 2. X, ○ 3. 중심, 주요, 핵심 4. 오빠는 안전 요원의 말을 무시했다가 큰 사고를 당할 뻔했다. **77쪽** 1. ② 2. ④ 3. ①

4주 2일

78쪽 1. ③ 2. 다름 **80쪽** 1. 간격 2. ○, X 3. 격차, 다르다, 같은 4. 기쁜 일이나 슬픈 일이나 항상 함께한 친구들은 거의 가족과 다름없다. **81쪽** 1. ④ 2. ② 3. ②

4주 3일

82쪽 1. ④ 2. 드러냄 **84쪽** 1. 드러났다 2. ○, X 3. 표시, 묘사, 숨긴다면 4. 속마음을 감추면 아무도 네 생각을 알 수 없단다. **85쪽** 1. ① 2. ③ 3. ②

4주 4일

86쪽 1. ① 2. 반드시 있어야 하는 것 **88쪽** 1. 필수로 2. X, ○ 3. 필요, 쓸모, 쓸데없는 4. 이 의자는 다리가 부서져서 더는 쓸모없게 되었다. **89쪽** 1. ② 2. ② 3. ③

4주 5일

90쪽 1. ④ 2. 바로 그것 **92쪽** 1. 관련 2. ○, X 3. 관계, 무관, 해당 4. 범인은 경찰의 예상을 벗어나 전혀 다른 나라로 도망쳤다. **93쪽** 1. ① 2. ② 3. ①

확인 학습

94쪽 1. 표현 2. ○, X 3. 핵심, 중요, 무시 4. 나는 숙제를 하려고 도서관에서 관련 있는 책을 찾아보았다. 5. 우리는 의견 차이를 좁히지 못해 다투기 시작했다.

종합 문제

95쪽 1. ③ 2. ② 3. ④

놀라운 어휘
학습도구어 1

초판 1쇄 발행 2022년 11월 23일
초판 4쇄 발행 2024년 6월 19일

기획 다산스쿨 교육연구소, 북케어
글 다산스쿨 교육연구소, 손명정
그림 안주영, 이진아

펴낸이 김선식
펴낸곳 다산북스

부사장 김은영
어린이사업부총괄이사 이유남
책임편집 박슬기 **디자인** 양X호랭 DESIGN **책임마케터** 박상준
어린이콘텐츠사업4팀장 강지하 **어린이콘텐츠사업4팀** 최방울 차다운 최유진 박슬기
마케팅본부장 권장규 **마케팅3팀** 최민용 안호성 박상준 송지은 김희연
미디어홍보본부장 정명찬
편집관리팀 조세현 김호주 백설희 **저작권팀** 한승빈 이슬 윤제희 **제휴홍보팀** 류승은 문윤정 이예주
재무관리팀 하미선 윤이경 김재경 이보람 임혜정
인사총무팀 강미숙 지석배 김혜진 황종원
제작관리팀 이소현 김소영 김진경 최완규 이지우 박예찬
물류관리팀 김형기 김선민 주정훈 김선진 한유현 전태연 양문현 이민운

출판등록 2005년 12월 23일 제313-2005-00277호
주소 경기도 파주시 회동길 490
전화 02-704-1724 **팩스** 02-703-2219
다산어린이 카페 cafe.naver.com/dasankids **다산어린이 블로그** blog.naver.com/stdasan
종이 신승INC **인쇄** 한영문화사 **코팅** 평창피앤지 **제본** 국일문화사

ISBN 979-11-306-4201-7 (64700)
　　　979-11-306-4200-0 (세트)